博瑞森图书 **BRACE**

企业阅读 本土实践

管理·人文·生活

家居建材门店 6力爆破

价值百万⁺的超级门店战法秘笈

贾同领 ◎ 著

中国青年出版社
CHINA YOUTH PRESS

律师声明

北京市中友律师事务所李苗苗律师代表中国青年出版社郑重声明：本书由著作权人授权中国青年出版社独家出版发行。未经版权所有人和中国青年出版社书面许可，任何组织机构、个人不得以任何形式擅自复制、改编或传播本书全部或部分内容。凡有侵权行为，必须承担法律责任。中国青年出版社将配合版权执法机关大力打击盗印、盗版等任何形式的侵权行为。敬请广大读者协助举报，对经查实的侵权案件给予举报人重奖。

侵权举报电话

全国"扫黄打非"工作小组办公室　　中国青年出版社
010 -65233456　65212870　　　　010 -50856057
http://www.shdf.gov.cn　　　　　　E-mail:bianwu@cypmedia.com

图书在版编目（CIP）数据

家居建材门店6力爆破：价值百万+的超级门店战法秘笈/贾同领著. —北京：中国青年出版社，2018.8
ISBN 978 -7 -5153 -5211 -4

Ⅰ.①家… Ⅱ.①贾… Ⅲ.①建筑材料—商店—商业经营 Ⅳ.①F717.5

中国版本图书馆CIP数据核字(2018)第150504号

家居建材门店6力爆破：价值百万+的超级门店战法秘笈
贾同领 / 著

出版发行：中国青年出版社
地　　址：北京市东四十二条21号
邮政编码：100708

责任编辑：刘稚清
封面制作：久品轩

印　　刷：北京宝昌彩色印刷有限公司
开　　本：710×1000　1/16
印　　张：15.25
版　　次：2018年8月北京第1版
印　　次：2018年8月第1次印刷
书　　号：ISBN 978 -7 -5153 -5211 -4
定　　价：129.00元

2014年,笔者出版了《建材家居门店销量提升》一书,围绕进店率、成交率、客单值,从店外系统、店内硬件系统、店内软件系统等分九个方面,系统阐述了影响建材家居门店销量提升的多种因素。该书适合厂家销售人员、门店经销商、店长、导购等阅读,成为了家居建材行业人员的一本必备工具书,受到了广泛好评。

四年过去了,泛家居行业的门店销售也发生了很多的变化,活动更加频繁、对团队要求更高、门店之外的蓄客方式也更加多样化、对顾客的后续服务越来越重要,同时企业、经销商心态也更加急躁,对门店销量就需要更精准、更有效、更落地的"爆破"。于是笔者就有了聚焦门店销量爆破一书的想法,让内容更加直接、简单、有效。本书与《建材家居门店销量提升》互相映衬,后者是介绍影响门店提升的系统有哪些,是基础普及版;本书则更注重在落地实操爆破上,拿来就可以用。

又经过4年来在家居建材诸多咨询项目的实战体验,笔者发现,门店销量爆破主要来自于六种力量:产品力、导购力、形象力、推广力、服务力、组织力。这六力招招见血,既有立即见效的招术,又有立足长远的策略，有快有慢、有近有远、"中西药结合"，合盘道出了一线品牌的销量秘笈。

第一，是产品力。产品不仅仅是制造的好，关键还是讲的好，秀的好。产品卖点该如何提炼，产品的优点如何能够通过门店呈现出来？

第二，是导购力。导购的技能技巧如何提升，导购形象如何提升，如何利用日常做好提升？话术如何颠覆日常老套？

第三，是形象力。主要是店面的品牌形象展示，以及店面的生动化，实现顾客走一圈，即使导购不做介绍，也能让顾客对品牌留下深刻印象。

第四，是推广力。如何通过小区推广、联盟活动、终端拦截、电话销售、微信营销、家装设计推广等开源蓄水？

第五，是服务力。都知道老顾客很重要，可我们又对老顾客提供了哪些服务了呢？又如何把新顾客变成"老顾客"，把"客情"变"友情"呢？

第六，是组织力。这是门店销量提升的基础保障，构建规范、良性的管理体系，给组织以活力，给团队以热情。如何通过考核激励提升其积极性，如何管理团队、如何打造团队文化、如何实现经销商公司化运营？

当然还有第七个——品牌力，因为涉及企业的整体定位、品牌策略和市场投入，是另外一个层面的课题，本书只是在讲形象力时有所提及，没有展开介绍。

笔者也曾纠结，多年的积累要不要都写出来，这可都是企业百万以上营销咨询费用的成果沉淀；即使是经销商，也可省去每年几十万的咨询、培训、活动费用。都写了出来，内容也很容易被同行模仿，一些企业、经销商也省去了这方面的咨询费用，也可能使同行业务受到影响。所以兼顾这方面的考虑，有些内容还是有所保留，望读者理解。

笔者认为，本书如果真正落实应用，那带来的收益应该是不可估量的（多赚的钱一定要用于提升员工和家人生活质量方面，用于正道，远离负能量）。如果是金子，何须包装？

当然，如果您读到此书，觉得有价值，有分享之心，向同行、企业家、经销商老板、导购精英等推荐，或者发个朋友圈（可配封面和里面

"慧度营销"二维码图）表达一下看法，笔者也感激不尽！

最后，要感谢一些人：搭档王庆云老师，有些精彩内容来自于他的奉献；一些专家、同行和他们的沟通交流；博瑞森图书和出版社，为此书出版默默奉献；关心、关注我的人，以及我的家人，每个鼓励都是前行的动力，他们是自己存在的意义。

由于笔者能力有限，文中的不足之处，敬请批评指正！

是为序。

2018 年 5 月于差旅途中

目录

第一章　产品力

一、产品要做好 / 003

二、产品要讲好 / 006

三、产品要秀好 / 014

第二章　导购力

一、导购销售技能提升 / 019

二、导购形象提升 / 057

三、销售训练 / 063

第三章　形象力

一、门店高端形象赋能 / 069

二、品牌体验赋能 / 073

三、门店生动化赋能 / 079

四、店面"风水" / 084

五、店面整洁要求 / 087

六、店面形象的保持 / 091

第四章 推广力

一、小区推广 / 097

二、家装设计合作 / 110

三、品牌联盟 / 116

四、联动促销 / 127

五、门店团购 / 137

六、电话营销 / 139

七、终端拦截 / 147

八、微信推广 / 150

第五章 服务力

一、产品售前服务 / 157

二、产品售后服务 / 162

三、客情维护 / 167

四、督查体系构建 / 172

第六章 组织力

一、组织设计 / 177

二、门店运营管理 / 184

三、工作制度 / 188

四、激励考核 / 195

五、团队管控 / 202

六、运营分析 / 206

七、组织文化建设 / 211

第一章 产品力

对于消费品来说，产品就是销售的根本；没有产品，销售行为就不会发生。所以，产品力的打造是门店销量爆破的第一步。

虽然笔者从事品牌营销策划多年，但从来不敢自诩营销是最重要的，往往会说，好的产品才是根本，营销只是锦上添花，不是雪中送炭。不好的产品，虽然通过营销策划一时风生水起，但很快会销声匿迹，劳民伤财，不值得。所以，营销在企业的排序上只能"屈居第二"，产品永远是第一位的。产品要具有产品力才行，产品力的打造要把握以下三个方面。

一、产品要做好

做好产品，这是生产企业的责任，也是本文对生产企业为数不多的要求。

1. 做好产品是企业的基本底线

很多企业觉得，我销售的又不是高端产品，有些问题很正常，甚至认为有瑕疵也是理所当然，哪能尽善尽美呢？如果企业对产品有着这样的态度，很难想象企业做得有多好。产品都不追求完美的企业，其他方面也是马马虎虎。我们在选择顾客服务时，首先就会看这家企业的产品如何。如果产品没有什么竞争力，企业对产品的态度又是"过得去就好"，对这样的企业还是敬而远之。

不论产品如何定位，把产品尽可能做完美，符合国家、行业相关标准，对人没有安全隐患，这应该是企业做产品的底线，就像每个人不违法、不违反道德是做人底线一样。笔者有时就感叹厨师，同样的菜品，有人做得味道好，有人做得味道差，为什么不好好研究把味道做得更好呢？家居建材产品也一样，都是差不多的材料，为什么就不能用心做到最好呢？即使产品卖得不贵，把产品做好点儿，这也是在积累福报呢！

2. 做产品要有工匠精神

提起工匠精神，不少人首先联想到的国家是德国，这让德国产品受益不少。通过媒体的引导和宣传，德国俨然是工匠精神的代表，动辄就是德国制造、德国品质如何如何，甚至有品牌宣传"信仰德国，……"，我们无形中给德国品牌做了不少免费的宣传。应该承认，德国产品品质是好，但随着我国综合实力的增强，今天的国货品质也在提高。再说，中国本来就是一个追求卓越的民族，看看我们古代的产品，那才是精雕细琢。中国企业和大众需要民族自信，我们不能灭自己志气，扬他人威风，这需要中国企业家有远见、有智慧。比如方太，"中国卖得更好的高端油烟机，不是洋品牌，而是方太"，这才是企业的社会责任感。

产品要形成产品力，就需要具有工匠精神，需要有产品的极致思维。如果能让顾客看一眼产品就"一见钟情"，甚至让顾客"尖叫"，不下一些功夫怎么行？在商品短缺的年代，"丑女不愁嫁"，有产品就能销售出去，顾客不挑剔。随着我们进入中等发达国家的行列，物质大大丰富，商品不再稀缺，顾客也都见过"世面"了，再想随便拿产品糊弄顾客很难。所以，现在做产品必须强调工匠精神，顾客买产品也是精挑细选，产品没有产品力就很难进入顾客的法眼。在家居建材行业，产品也在逐步升级，不断把产品推向极致。

3. 打造产品力要站在顾客的角度

顾客思维作为互联网时代的思维之一，目的就是紧扣顾客需求而提升产品力。每款产品，都要从顾客角度来体验其使用中可能遇到的问题。比如铝合金门窗产品，门把手的高度、握的手感、推拉或开启的力度、有无开启杂音、关闭的方便性如何、隔音效果如何、坚固度如何、可承受推拉次数、有无儿童保护、防水效果等，一定要从顾客角度多体验其日常接触的感受。顾客是没有多少心思去了解内在原理的，接触到的只是外在的表象，所以企业需要通过内在的工艺提升顾客外在看中的体验。

产品间的差别就在细微处，不经意的一点顾客感受不佳就会影响对整个品牌的印象。其实，产品的差异不就是在细微处吗？

二、产品要讲好

在"酒香也怕巷子深"的今天,产品做得好,还要吆喝好。做好产品只是第一步,向顾客讲好产品是第二步。家居建材产品不等同于快消品,后者有时是凭顾客的感觉冲动购买的,顾客不会进行太多的对比。即使顾客购买"上当"了一次也无所谓,毕竟单价低,顾客下次不购买就是了。但家居建材产品不是这样,其客单值大,顾客不会轻易购买,购买前需要大量的"科普知识"去了解一个产品。所以,向顾客介绍好产品就非常关键,需要把产品的核心点讲好,需要进行有杀伤力的卖点提炼。

1. 产品卖点不要有太多的技术术语

不是说不能有技术术语,而是不能过多。适当的产品技术术语,用一些顾客不懂的词语,可以彰显产品的技术含量,让产品显得"高大上"。但技术术语不能太多,让顾客不知所以然,要把产品的技术术语翻译成大白话,用好理解的例子描述。生产的术语往往是一堆数字和型号,顾客哪能了解那么多，专业的产品术语就尽量少用或不用，转变成顾客好理解的词语。比如铝合金门窗产品说其材质含有多少铝、加了多少比例的锰，还含有多少比例的硅等，顾客听了也是一头雾水，不知道比例背后意味着什么。如果换一个说法，最坚硬，又轻便，等同于飞机型材，顾客就明白了。比如玻璃如何平整，中间不变形，用平整度的概念顾客不好理解，如果告诉顾客是和宝马、奔驰同样的玻璃，产品"高大上"的形象就很容易凸显出来。

以北京市场的某门窗品牌展示的某款产品标识为例，某款产品的技术参数如表1-1所示。

表1-1 某款产品的技术参数

铝型材材质	航空铝型材
扇结构深度	85mm
胶条	三元乙丙等压胶条
五金件	德国好博罗克斯五金
隔热条宽度	35.3mm
槽口	欧标C槽、U槽
抗风压	9级（kPa5.5-6.0）
气密性	8级（q1<0.5；q2<1.5）
水密性	6级（Pa650-800）
保温性	7级（K2.0-1.6）
隔音性	4级（dB35-40）
玻璃规格及配置	33~48mm

产品特点及优势：

（1）采用航空铝质型材，经过严格筛选处理，抗老化、抗氧化、耐酸碱腐蚀、阻燃、不变形。

（2）搭配世界顶级五金配件。

（3）采用高级轿车同等级三元乙丙等压胶条。

（4）胶体结构优化设计，更加保温、高度隔音。

（5）外侧独特的弧形排水槽设计，让水更顺畅。

（6）高端喷涂工艺，长时间保证颜色饱和度。

（7）采用注胶工艺，使门窗密闭性、气密性更佳。

（8）采用欧洲检验标准。

  应该说，这家企业还是很用心的，从显示专业的"技术参数"到顾客容易理解的"产品特点"提炼，该有的都有了。但还是有一些不足之处，顾客看完技术参数后，对产品如何判断呢？除了五金件又给德国产品做了广告外，能看懂的一般就是抗风压、气密性、水密性等的×级了。9级、8级、6级、7级、4级，是优是劣呢？最高是10级还是多少级？如果是10级，那么6级、4级感觉不怎么好呢？行业标准是多少，同行一般又是多少呢？只有这些对比明确了，才能显示出自己产品的优势。

  带着这个疑问，我问了店内导购这些技术参数是什么意思？没想到，店内导购答曰："就是一个指标，具体我们也不是很清楚。"本来觉得还很专业的产品描述，这么一回答，顿时给人不靠谱的感觉。所以，太多的技术指标，连导购都记不住，还能指望顾客产生更多的共鸣吗？

2. 产品卖点不可过多

  很多产品在提炼卖点的时候，恨不得是全能产品，什么"产品的十大优势""购买产品的八大理由"，顾客根本记不住那么多，而且那么多也很难让顾客完全信服。有些卖点是凑数的、无关痛痒的，要去除掉，核心卖点不可过多，一般1~3项为宜。

  假设我们去牙科看病，有两位医生，一位既看牙科又看口腔科，另一位只看牙科。我们会选择哪位？不出意外，应该选择那位只看牙科的医生，觉得他在牙科更专业、更靠谱。如果是想拔最难拔的智齿呢？我们肯定希望这位牙医专业拔牙，还最好经常拔智齿。如果这位医生除了拔牙，口腔科、耳鼻喉科也都涉足，估计对他拔牙的水平心里直犯嘀咕：他行吗？

家居建材产品的卖点也是这样的道理，如果卖点过多，就会让顾客产生怀疑。梦天木门，最后就定位在高端上，"高档装修，用梦天木门"。门窗行业这几年发展很快，功能表现在抗台风、不漏雨、结实耐用、隔音、节能等方面。皇派门窗最后就选择了一个，"高端隔音门窗"。

从上面的举例中，我们发现其总结的"产品特点及优势"就有些多了，最终给顾客的印象是：产品还是可以的，但好在哪里也记不太清楚。房产中介在提炼卖点上是值得学习的，在房型、面积展示完之后，会专门再对房子做一个说明，总结其突出的一两个卖点，比如得房率高、学区房、采光好、离地铁近、总价低、双朝南、阳台大等。

3. 产品卖点要踩准顾客的痛点

产品卖点的提炼，要找准顾客的痛点在哪里。通过夸张、放大的痛点描述，进入某种情境，最后顾客发现眼前的这款产品正好消除了自身的痛点。想想看，这样产品不就产生了魔力，让顾客对产品欲罢不能。口渴时喝一口水，和不口渴时喝一口水，这其中的感觉能一样吗？

还是以上面的门窗介绍为例，看"产品特点及优势"里，哪些踩准了顾客的痛点？

"采用航空铝质型材"，这个提炼的联想性好，后面的"抗老化、抗氧化、耐酸碱腐蚀、阻燃、不变形"也就是说经久耐用，顾客在意这一点吗？如果在意，这个就可以（不同的顾客痛点是不同的，所以不同的产品要强调不同的特点，以迎合更多顾客的痛点需求）。

"搭配世界顶级五金配件"，搭配了又怎么样？没有下文了，不符合 FAB 法则（关于 FAB 及 FABE 法则，后续详述），没有带给顾客的利益点。

"采用高级轿车同等级三元乙丙等压胶条"犯了和"搭配世界顶级五金配件"同样的错误。

"更加保温、高度隔音"两个卖点同时出现，是顾客的痛点吗？"保温"属于节能范畴，省钱。顾客买了那么贵的产品，还在意这点吗？节能更好，但不属于顾客痛点，就像买宝马车是不会太在意省油与否的。但如果超级节能，给顾客算出一年省多少钱，几年就值一个窗户了，那样才有杀伤力。"隔音"对于一些容易失眠、沿街小区、怕噪音的顾客是痛点，强化这一功能，就更容易让顾客为此买单。

"让水更顺畅"，不往室内进水就可以了，更不更顺畅无所谓。

"长时间保证颜色饱和度"是美观方面的要求，有更好，没有，时间长了也无所谓。几年过去了，其他装修都开始暗淡了，就一个窗户还依然如新，想想也蛮神奇的。再说，"长时间"是多长？几个月、一两年、几年、十几年还是几十年，含糊不清，没有冲击力。在卖点提炼时，不要使用这样不明确的表达，如果换成 20 年或 30 年会更有冲击力，感觉这一功能是专门开发研制。有人说没有做过实验不敢说具体的时间，但时间可以大致推算，而且真正 20 年、30 年，谁还在意当初都说了什么呢？

"使门窗密闭性、气密性更佳"，是想说隔音、节能，还是说房间一点都不透气呢（这可不是好的联想）？

"采用欧洲检验标准"，想说什么？

痛点的挖掘一定是选取针对顾客的大概率事件，受众面才大。对于北方的顾客来说，南方想都想不到的门窗防雾霾，在北方被很多企业挖掘出来了。产品是为人服务的，这句话还真没有错。

4. 产品卖点提炼要纵横结合

纵，就是从产品的角度，分别对其材质进行总结性的卖点提炼；横，就是站在顾客的角度，对其关注的某种功能分别从相关的材质、技术进行组合说明。

在举例之前，我们先介绍一下产品卖点提炼的 FABE 法则。百科上这样介绍：简单地说，FABE 法就是在找出顾客最感兴趣的各种特征后，分析这一特征所产生的优点，找出这一优点能够带给顾客的利益，最后提出证据，证实该产品确实能给顾客带来这些利益。

F 代表特征（Features）：产品的特质、特性等最基本功能，以及它是如何用来满足我们的各种需要的。

A 代表由这个特征所产生的优点（Advantages）：即 F 所列的产品特性究竟发挥了什么功能，给予顾客一个购买的理由。与同类产品相比，具有哪些比较优势。

B 代表这一优点能带给顾客的利益（Benefits）：即 A 产品的优势带给顾客哪些好处。

E 代表证据（Evidence）：口说无凭，要有图有真相，这样才能让顾客更加相信。比如一些技术报告、顾客来信、新闻报道、照片、证书、大型工程、现场示范等。证据要具有足够的客观性、权威性、可靠性和可见证性。

根据笔者的实践经验，产品卖点的提炼不需要那么复杂，不能套用一个模型上纲上线，太刻板了。我们也无需改变和挑战这个模型，稍微做一下改进就可以了。就是分为三部分：

（1）这个产品有什么特点、优点（F、A 合在一起说）？
（2）这个特点、优点能够给顾客带来什么利益（B）？
（3）怎么能够证明如是所说（E）？

以门窗行业的玻璃来举例说明，"纵"的部分如表 1-2 所示。

表 1-2　"纵"的部分

特点、优点	顾客利益	证明
采用高档汽车级钢化玻璃：强度更高、表面更平整	抗冲击力强，更安全；透光性好，抗视觉疲劳	触摸表面平整，无凹凸感；视觉体验无七彩折射光线
采用全自动玻璃钢化设备：钢化更均匀，是真正意义上的钢化玻璃、安全玻璃	抗冲击力更强；安全不伤人	踩踏实验
玻璃艺术加工工艺：高精度数控雕刻机（精度高达 0.1mm），可雕刻复杂纹理	纹路清晰，更逼真、更具美感；纹路不易脱落，持久性强	细节展示
玻璃中空：高黏性丁基胶 + 双组份冷凝胶 + 防潮因子分子筛 + 一体高频焊中空铝条	密封性好，防止中空起雾发霉	结构展示

续表

特点、优点	顾客利益	证明
玻璃合片：采用进口全自动生产线生产，恒温恒湿、净化车间、封闭式生产	玻璃中空无触纹，更洁净、更透亮；密闭好，防止中空起雾发霉	全自动生产线图片或视频展示；产品展示

再来看"横"的方面，比如某门窗产品欲提炼说明"对儿童安全"，从哪些方面可以说明呢？如表1-3所示。

表1-3 "横"的部分

产品措施	优点
汽车级钢化玻璃	破损后不易伤人
夹胶玻璃	一面破损时，另一面保护，不掉落
防盗网（防护网）	防儿童爬到窗外
窗户内开内倒	有隐蔽式传动器，防止儿童误开
无钥匙的锁（主要是卫生间）	防止儿童误关房间内时无法打开
悬窗（设有限位器）	可防止儿童开启幅度过大
弧形转角（万能转角）	减轻儿童不小心时磕伤、碰伤
边上加防撞块	防止夹手，防止过度伤害
门扇、门框碰撞处的胶条	可适当减少不小心夹手时的伤害
吊趟门缓冲器	可适当减少夹手的伤害

通过"纵""横"的结合，不论是具体到产品细节，还是顾客在意的功能，都能够有针对的说辞，这样顾客还能不对产品产生兴趣吗？

5. 产品卖点最好是产品独有的特点

物以稀为贵，独有就可以溢价。哪些可以成为独有？独特工艺、独特材料、品质特色等，可以是产品的某种特点，但不一定非是其优点。比如门窗的某种开关技术、涂料添加的某种成分、壁纸的某种材质、瓷砖的某种花纹，只要是其特点就是可以，而不一定是有了这些一定能带来多少的优点。但这种特点如果同类产品没有，就可以煞有其事地宣传某某性能、某某特殊工艺等，毕竟顾客对产品的了解不可能特别深入。让"特点"成了"优点"，这也是卖点提炼时把"特点（F）"和"优点（A）"放在一起的原因之一。

产品独有的特点，往大了说：一是产品、技术的创新；二是品牌的差异化定位。产品、技术的创新，让产品在市场上能够独占鳌头一段时间，肯定对产品销售非常有利。但这个时间窗口也就是半年或者一年的时间，然后竞品就会跟进。企业又必须进行新的技术创新，手机行业的更新换代就是如此。家居建材行业也是这样，以壁纸行业为例，20世纪90年代发泡壁纸大行其道，后来又兴起贴上看起来金晃晃的金箔纸，接着是各种功能的PVC壁纸，然后是无纺纸、纯质纸。如今，为了解决壁纸的缝隙问题，又出现了无缝壁布。每次的产品、技术更新都是一批企业的生生死死，只有把握住这些机会，才能立于不败之地。

在行业同质化比较严重，产品、技术差异比较小的情况下，需要品牌的差异化定位。当行业没有领导品牌时，可以独占品类；当行业已经有领导品类的时候，需要独占某种特性。在瓷砖行业竞争白热化之际，简一瓷砖异军突起，成为一道靓丽的风景。"高档装修，不用大理石，就用简一"，差异化的大理石瓷砖定位，通过一句简单的口号，牢牢占据大理石瓷砖品类。

不要小看这个定位，它是在庞杂的信息中选取大概率的、对顾客精准触动的一个点，而且它又是竞争对手不易模仿的，这是最高级的"卖点提炼"，需要下大功夫。

三、产品要秀好

现在到处都喜欢"秀肌肉",产品也需要,顾客从产品前经过,要能感受到产品无声的"呐喊"。无需导购介绍,就能对产品略知一二,这就是产品的静销力。这些如何做到呢?

1. 产品旁要有一个图形或简要文字描述

就像前面举例的产品"技术参数""产品特点及优势"一样,或海报、易拉宝,或精美文字说明卡片,放在产品周边,让顾客看到产品就被植入关键信息。只不过不要像前面例子那样,文字有些多、卖点有些散,缺乏对标依据,不能让人眼前一亮。

需要注意的是,这样的宣传要巧妙,不能造成视觉杂乱,要能与店面整体调性融为一体,不能冲淡门店整体形象。

2. 要有产品性能演示的道具

就是把产品卖点通过道具、工具、性能指标展示出来。产品性能到底如何,口说无凭,要"有图有真相"。这是让顾客信任产品的重要环节。

产品性能演示的道具是需要创意的，形式也多种多样。一个地板品牌，为了演示其防水，在过道的橱窗里斜着放置一大片产品，上面的流水涔涔不断，产品的防水功能无需多言，凡路过者皆有深刻的印象。还有某板材为证明产品耐水性好、不会被水浸泡、无毒，就在门店的鱼缸里放一块，鱼儿游来游去，也是很好的性能演示方法。为了证明门窗双层玻璃不透水、潮湿不起雾，也可以放鱼缸里展示。

证明产品结实耐用，笔者想起了服务东鹏瓷砖时，为了证明瓷砖结实，给顾客直接演示竖立后推倒，随着"嘭"的一声响，瓷砖毫发无损，给顾客带来震撼。服务皇派门窗时，为了证明玻璃坚固耐用，把门窗双层夹胶玻璃置于入口处，可以用脚随便踹，再用橡皮锤猛砸玻璃，咣咣作响，玻璃却完好无损。谁在现场估计都会被声音吓到，但这恰恰达到了演示的目的。

产品隔音效果演示，如门窗产品，有的专门用产品制作一个密闭的箱体，里面放上音响进行打开、关闭的演示。其实这样做浪费精力，又占用销售空间。完全可以在店面设计时，利用店面的自然布局，在合适的墙体部分，向内挖出或者设计出一个空间，外面再装上产品，这样密闭空间就形成了。可以将自己的手机放在样板间里，用顾客的手机拨打该手机听铃声，就能很好地展示隔音效果（顾客的电话也拿到了）。

至于耐刮擦的地板、耐擦洗的壁纸、墙面可擦写的涂料就更容易了，只要准备好坚硬的钥匙、笔、板擦等就可以了。至于有些企业为了证明涂料环保而喝涂料的，这样就有些过火了。

道具要与环境融为一体，不要因道具破坏了整体的店面形象，那就得不偿失了。

还有一些证明材料材质的对比道具，笔者想提醒的是不要过多，不能到处堆放、放置散乱，甚至上面布满了灰尘。可以将材质的对比道具放置在隐蔽的地方，不影响店面的整体形象。

3. 上样产品，不要有瑕疵

我们设想一个场景：当你正在兴奋地介绍产品如何好的时候，突然发现这个出样产品有一些小瑕疵，或者被划了，或者边上破了，或者有些弯曲……这就尴尬了，关键的时候掉了链子。于是，你赶紧跟顾客解释这个产品装的时候就这样，或者装的时候就是瑕疵品，或者昨天刚划碰了……这样会给顾客留下什么印象？不论顾客相信与否，他至少会得出这个产品不耐用的结论。对产品销售来说肯定是减分的，所以展厅的样品千万不能有小错误，与其到时候跟顾客解释，不如早点把这个不好的样品换掉。有些钱可以省，样品的钱是不能省的。

4. 产品特殊展示

产品高端与否的展示。产品高端与否，可以通过陈列体现出来。如诺贝尔瓷砖，有的放在特殊陈列柜里，多彩的灯光照在上面，这给顾客传达什么信息？肯定是高端产品。一大堆瓷砖堆在一起展示又给顾客什么信息？肯定是价格相对低的产品。笔者服务过的三棵树漆企业，开始时其高端产品在门店里专门围起来，中间有树、火箭样品，产品堆在四周。这样感觉很好，产品是绿色、科技的象征。可惜的是，产品堆积过多，有杂乱之感，一下子就把产品高端的印象降低了不少。看看珠宝、高端化妆品等是怎么陈列的，大家就会明白。

畅销款与否的展示。比如畅销款产品上可以带上大红花，或者有"店长推荐"字样，或者挂一个金牌，告诉顾客这款产品销售很好。而爆炸签，大家一定都知道那是实惠、搞促销的象征。

总之，一家门店，顾客走完一圈一无所知，就说明产品"秀"得不好。如果相反，不用导购介绍，顾客对产品的定位、优势、畅销与否等有一个相对清晰概念，说明产品展示很成功。

产品的科技感与智能化。科技日新月异，产品智能化突飞猛进，在家居建材产品的应用空间很大。暂且不管自己的产品得到了多少的应用，具有科技感、智能化的店面会更吸引顾客，这估计是下一波店面产品力拼杀的焦点。通过店面让产品更具有科技感、更智能化，需要引起企业的高度关注。

第二章 导购力

一、导购销售技能提升

有人做过测试,一个经验老到的导购是一个普通导购销售业绩的 2 倍乃至数倍。导购的销售是整个产品链的最后环节,是真正的临门一脚,重要性不言而喻,所以关于导购技能的培训很多。

销售技能的提升所依托的不是某招某式,或某一句销售词,而是一套系统的销售话术与技巧的组合。但万变不离其宗,导购的销售技能提升核心也没有那么复杂,关键是要明晰顾客成交的关键。

顾客的成交遵从 BCW 黄金法则,即过程愉悦(Cheerful)、建立信任(Believein)、物有所值(Worth),这三方面是所有销售成交的关键,缺一不可。如图 2-1 所示。

过程愉悦,就是在销售过程中,让顾客感觉到舒心,顾客愿意和你交流,这是成交的基础。试想,谁会愿意和一个给自己找不痛快的人成交呢?顾客的成交,一定是在轻松愉悦的氛围下产生的。这需要导购具有亲和力,掌握与顾客交流的基本方法,掌握顾客心理,能说到点子上和顾客

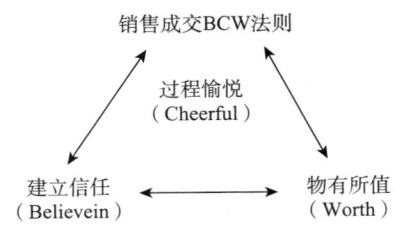

图2-1 销售成交 BCW 法则

心坎里。

建立信任,就是在交流过程中,让顾客相信自己说的,相信自己介绍的产品,这是成交的核心。如何与顾客在短时间内建立信任,与自己的话术、对顾客心理的把握、对产品知识的专业掌握、对产品的功能演示、对顾客的同理心等都有很大的关系。顾客都是高智商人群,过于表演化的语言很难让顾客信任,需要真诚,需要真心站在顾客立场思考问题。

物有所值,就是产品让顾客感觉值那么多钱,这是成交的关键。让顾客开心了,顾客也信任自己了,但如果感觉产品不值那么多钱,也是不可能成交的。如何让顾客感觉物有所值,涉及的因素比较多,如导购话术、店面形象、产品细节、产品对比、品牌背书、售后服务等方面。

要始终牢记上述三点,接下来针对销售过程的展开,也始终是围绕这一核心的。

本节将顾客接待过程进行了步骤分解,分析其关键环节,把看似复杂的销售技能技巧进行简化。结合建材市场销售特性,总结出销售七大步骤,即门店销售七字决:调、迎、探、证、化、订、追,按流程介绍,全面提升导购销售技能。如表2-1所示。

表2-1 门店导购销售七步骤概要

步骤	目的	关键词
调—端正心态	良好的心态准备,是顾客销售的前提	自信
迎—拉近距离	让顾客感知你的热情服务,展示品牌形象	热情
探—找出需求	找准顾客需求点,为后期产品销售、满足顾客需求打好基础	精准

续表

步骤	目的	关键词
证—体验产品	引领顾客充分体验产品的好处,塑造产品价值,以缓解顾客对产品的价格抗拒	信任
化—化解异议	分别击破顾客对品牌、产品、价格等方面的异议,为成交扫清障碍	巧妙
订—建议下单	临门一脚,让顾客交订金,完成店面销售	果决
追—顾客追踪	紧跟顾客装修进度,为顾客安排送货,收回全部货款,完成销售过程	关怀

整个销售过程持续连贯,环环相扣,导购需掌握各步骤中的技巧和关键话术,才能够游刃有余,最终实现销售。

> 七字歌诀
> 烦恼琐事抛一边　调节心态士气展
> 微笑相迎真心显　寻话赞美距离短
> 包饰车表记心间　望闻问切需求探
> 特优利证配每款　工具道具现场演
> 化解异议价格砍　抚慰心理降价缓
> 捕捉信号促订单　最佳时机就当前
> 后续追踪莫懒散　完美收官口碑传
> 调迎探证化订追　金牌导购七字言

(一) 调—端正心态:烦恼琐事抛一边　调节心态士气展

1. 调心态

良好的心态是成功的基础,在销售开始前,导购要调整好自己的心态,做好充分的准备。每个人都是"演员",成功的人生就是把每个角色都"表演好"。对于导购来说，上班时间就要尽全力服务顾客，把阳光的一面展示出来。即使遇到了烦恼、伤痛、失恋，也必须在上班时间把它抛到九霄云外。

倪萍在《朗读者》的舞台透露，1999年春晚主持背后的故事。就在春节前几天，她刚出生的儿子被确诊为先天性白内障，医生说："如果不及时治疗，或者治疗效果不佳，会导致失明，甚至有可能会死……"春晚导演找到她时，她的精神几近崩溃，但为了观众，她还是坚持登上了春晚。就这样，她硬是咬着牙，为全国观众送去新春的喜悦，她说："观众陪了我十几年，我不能因为个人的事情耽误工作。"在那个照常准时开始的春晚舞台上，她带着招牌式的笑容出现时，谁能发现她风平浪静的外表下，其实内心波涛汹涌呢？

通过自我心态的梳理、调节，让自己进入一个最佳的销售状态。导购在销售一线每天经历不同的人和事，良好的心态是导购创造骄人业绩的第一要素。"人有喜怒哀乐，月有阴晴圆缺"，很多时候情绪是不断变化的，调节不好，导购会把情绪带到店里，不知不觉地传播给顾客，从而影响店面工作，影响自己的业绩。所以，导购切记不要把不良情绪带到店里。

每天早上通过晨会、晨操等形式，快速把自己的状态从家庭场景切换到工作场景。

2. 信产品

想想看，自己是否真的相信产品如自己介绍的那样？是否真的对产品有100%的信心？是不是自己也觉得产品确实好贵？是不是有时给顾客介绍产品时，自己内心也有一些不自信？

上述问题，如果还有摇摆，说明自己还不完全相信自己的产品，这是销售的大忌。如果自己对产品没有充分的信任，在介绍的关键时刻就可能表现出来，会被聪明的顾客捕捉到，从而错失一次成交的机会。

自己对产品应该有100%的信心，这不是盲目的自我产品崇拜，而是基于几个我们容易忽略的客观存在。

第一，产品如果有销售，那么在成交顾客心里，它就是完美的、物有所值的。既然有成交，为什么还要怀疑自己的产品呢？

第二，是东西都有人喜欢，是东西就有人买。世界丰富多彩，个性化的需求差异比较大，每个产品都有自己的主人，产品没有成交，说明还没有找到懂它的人。大家都有"淘"衣服的经历，看了一件又一件，说这件不好，那件没品位，有没有想过，自己看不上的衣服，最后一定会被某个人看中。衣服还是那件衣服，为什么不同的人评价不同，关键是个性化需求的差异。所以，作为销售产品的人，不能根据自己的喜好评价产品，一定要充分相信自己的产品，等待时机和它真正的主人产生共鸣。

第三，自己销售的产品必须认为是完美的，如果自己都不认为完美，还怎么指望得到顾客的认同？就像自己的孩子、丈夫或妻子，自己都看不上，总是觉得别人家的孩子好、别人家的老公或妻子好，家庭怎么不出矛盾？产品不认为自己的最好，销售肯定做不好。无论如何，既然自己选择了这个品牌，就必须多想它的好处和优点，对它充分信任。何况产品品质和价格是同步的，完美的产品价格肯定高（要相信产品就值那么多钱），有瑕疵的产品价格低（要相信同样价格下品质是最好的），一分钱一分货，有价格这个杠杆，产品就非常完美了。

不完全信产品，怎么办？要学产品的成功案例，记住产品的成功案例（谁买过这个产品，结果是什么）。把经典案例打印成册，让导购烂熟于心。我们天天说成功的案例，时间长了，自然就会坚信产品。

3. 信自己

自信是导购成功的第一秘诀。在销售过程中，无论是对公司、产品，还是对自己，导购一定要有信心，信心是可以感染和传递给他人的。

成功的人都是"脸皮厚"的人，演员、名人、企业家谁不如此？这不是说无底线的卑躬屈膝，而是说要积极、主动、不怕拒绝，每个人都有求人和被人拒绝的时候。被顾客拒绝是不可避免的，关键是怎么看待它。我们要看懂几个现象：

顾客没有购买、拒绝是大概率事件，是很正常的；

顾客脸色不好看、爱理不理，就是这样的个性，不是专门针对导购的；

做什么行业都要出类拔萃，要跟人打交道，即使"出丑"也没关系。出丑才会成长，成长就会出丑。

所以，了解这些，树立自信，还有什么可担心的呢？

4. 学知识

优秀的导购应该拥有完善系统的专业知识，在精神饱满地迎接顾客的间隙，需要补充和学习一些导购必备知识。如表2-2所示。

表2-2 导购售前知识储备

基础知识	● 对品牌知识的了解 ● 基本的生产工艺流程 ● 产品使用量的计算方法 ● 基本的产品施工注意事项
产品知识	● 基本的产品搭配知识 ● 产品的技术优势、产品优劣分析 ● 产品的核心卖点、相关证明演示道具
竞争对手	● 主要竞争品牌的优劣势 ● 当地消费者喜好，以及趋势产品的变更等 ● 对市场周边竞品调研的数据 ● 掌握竞品的活动政策和主推产品
周围楼盘	● 了解附近楼盘的高低档次、具体位置 ● 掌握新小区的业主装修进度

即使是一名资深导购，对上述知识很熟悉了，对顾客购买行为有了基本的判断能力，也应该养成温故而知新的习惯，不能敷衍、应付。这种心态会严重影响品牌的形象和口碑，对自己的成长很不利，应该予以摒弃。

（二）迎—拉近距离：微笑相迎真心显 寻话赞美距离短

迎接顾客是很重要的一步，是销售成功的关键，导购要有礼、有节、有法地拉近自己与顾客的距离。

把顾客当成亲友,大家想一想,如果亲友来家做客,我们是怎样对待他们的?打开房门,看见是好朋友,立即换上一副笑脸,赶紧说:"原来是你呀,来,快进来!"

销售也一样,销售需要良好的气氛,这种良好的气氛从一开始就需要营造并建立良好的关系。

1. 主动相迎

顾客来到我们的店里,是来到了一个陌生的地方,在情势上是弱者,他希望一进门就被当作客人来对待,希望导购主动相迎。在顾客眼里,导购代表的就是品牌的产品、品牌的服务水平,高质量的服务和热情的态度将有效地提升品牌的形象和消费者口碑。

积极主动及良好的第一印象是增加成交率的核心。作为一个专业的导购,要善待所有的顾客,不该对购买意向不强的顾客冷漠相对。要知道今天不买的顾客以后会买,以后不买的顾客,他的亲戚朋友也会买。所以,从一开始就要与顾客建立良好的关系。主动相迎参考话术如表 2-3 所示。

表 2-3 主动相迎参考话术

级别	参考话术	备注
初级	您好,欢迎光临! 随便看看	虽然是废话,但有时还要说
中级	我是××的小张	自报姓氏很重要,便于对方了解自己,以示真诚
	我做××已经三四年了,对装修比非常熟	显示自己很专业,值得信赖
高级	我们正在做活动,力度很大,平时很少做活动	通过介绍顾客关注的兴趣点,容易抓住顾客的心
	天气这么热,也要出来跑,装修很辛苦吧。先坐下,喝杯水	不是一上来就问这问那,比较在意顾客的感受,容易拉近与顾客的心理距离

续表

级别	参考话术	备注
骨灰级	是看看产品吧？（嗯）挺花时间和精力的吧？（是啊）估计你也看过几家了，我们这边估计也不一定适合你？（为什么？）关键是要看我们的产品能否满足你的特殊要求，你选产品主要考虑哪些方面呢？	注意是说"看"产品，不是说"买"，开始别给顾客太大的压力 老套的问话，顾客都没有感觉，要说一些平时很少听到的话 欲擒故纵，没有说"我们这边一定适合你"，都不了解顾客，怎么可能呢？一听就是假的 （骨灰级话术要求经验老到，能巧妙应付各种顾客的问题，否则可能伤及自身，切记）

其他场景参考话术如表2-4所示。

表2-4 其他场景参考话术

场景	参考话术	备注
顾客2~3次	×姐，×哥，×老板…… 今天有空啊？ 进来先休息一下！ 您看还有哪些不太清楚的，我再仔细给您讲讲	语气更亲切，更具有销售针对性
顾客第4次	还在纠结呢？ 选××准错不了	语气有催促、强迫其做决定之意
预约好的	您来了，就等您呢！ 您最近一定很忙、很累吧	关心顾客，表现出对顾客的充分尊重

2. 场景应对

迎接顾客进门后，会面临几种情形，如顾客爱理不理、顾客说随便看看等，该如何应对呢？开始时，与顾客产生共鸣、引起顾客的兴趣、打开顾客的内心，是成功的关键。

（1）顾客很少说话，爱理不理。

这说明还没有打动顾客的兴奋点，或者还没有赢得顾客的信任，但顾客也并没有表示出反感，也许还在用心听呢？

方法一：千万不能灰心，要心平气和，慢慢地和顾客聊家常，让他放松对你的戒心，再观察他想要什么产品和来店的目的。

方法二：问候顾客，对店面进行简单的布局介绍，之后与顾客采用顾客前我后的方式，保持在一定的距离内（1.5米左右），方便顾客有需要时能随时上前服务。

一次培训中，有一个年轻的导购分享过一个案例，可能对大家有不少启发。她说自己刚做导购时经验不足，一位中年顾客进来后，任凭她滔滔不绝地介绍产品，几乎不说话。她急了，说了与销售无关的"掏心窝"的话："我刚大学毕业，对工作很用心，刚才介绍的都是真实的。您看我哪方面做得不够好，给我一些建议吧。"结果这位中年人开口了，沟通得很不错，最后竟然还成交了。

回想下，本章开头介绍的成交三个要素，这其实是让顾客感受到了真诚，建立了信任，相信了这位年轻人。

（2）顾客说"我就随便看看"。

这很常见，说没有需求，毕竟进店了，一定有他想看的、吸引他的东西，哪怕就是瞅两眼；说有需求，他也不怎么着急，漫不经心的。

这种顾客是什么心理呢？看了很多店面，都是千篇一律地被黏着说自己的产品如何好，不想被烦，想自己看看再说，如果产品不合适，随时可以走人；或者已经有心仪的产品，再看看有没有更合适的产品；或者还没有目标，真的是随便看看。这时候一定不能直接缠着顾客介绍产品了，一定要岔开产品，从其他话题入手。**顾客不相信你时，你讲的都是废话**！在没有信任时，先想办法把"过程愉悦"创造出来。

应对"我就随便看看"参考话术，如表2-5所示。

（3）顾客看了一会儿就往外走。

顾客没有看中，也可能是赶时间，留也没有用，但还是可以做一些动作的。比如递名片、画册，"这是我们的资料，您可以了解一下，也可以到网上了解一下我们的品牌。您可以比比看，我们的产品就是不怕比较。"

表2-5 应对"我就随便看看"参考话术

级别	参考话术	备注
初级	您慢慢看,您看好了或者需要我的时候,招呼一声就行	虽然这时远一点"尾随"顾客不对,但真的让顾客自己随便看,也会失去不少机会
中级	(拿水、递水)逛这么久,先喝杯水吧	服务顾客是比较恰当的选择,既关心了顾客,又找到了机会自然接近顾客
高级	您是不是上次来过?我好像在哪里见过您	故意套近乎,人们总是对自己很熟悉的人有好感
高级	我的一个朋友/亲戚/闺蜜/死党很像您。(观察顾客在看什么、在哪个地方停留,"自然"地插嘴介绍)	道理同上,注意是说别人像他,而不是他像别人,体会下不同
骨灰级	略	由于骨灰级话术比较锋利,要求经验老到,经验少者不适合,故略去。有兴趣者可联系笔者进一步交流

我们相信,如果您真要买,您比完产品还会回来的,到时候我再给您详细说明。"即使看不上我们的产品,也要顺便做下自己的品牌广告,展示一下信心。

还可以强化门店的位置,给顾客留下深刻的印象,"大姐/哥,您记住啊,我们是×品牌,在××地方。"同时将顾客送到门口,"您慢走,欢迎下次光临。"

3. 恰当赞美

恰到好处的赞美是顾客难以抵挡的"糖衣炮弹",也是拉近与顾客距离的"撒手锏"。导购要掌握这门"绝技",便要学会对不同人按照不同情境来表达不同的赞美。

(1)从顾客房屋信息找赞美点,如表2-6所示。

表 2-6　从顾客房屋信息找赞美点

信息	分类	参考话术
住房信息	住得远	您住得离这里挺远的，肯定累了，先坐这休息一下，喝杯水
	住得近	××小区啊？那有很多顾客都在我这买过产品呢
	新小区	真有眼光，那个小区地段很好，升值潜力巨大，估计几年内房价还能翻一番
	老小区	老小区地段好、配套成熟、出行购物方便
室内光线	采光好	您真会挑房子，光线好的房子最好装修了
	采光弱	光线不好不怕，选好产品就能弥补，我们刚好有几款新上市的产品，我给您详细介绍一下
其他	高档小区	小区挺高档的，一看您就是成功人士，好房子就得配好产品，住得舒心，也气派
	婚房	恭喜！恭喜！结婚是一辈子的大事，婚房装修要喜庆点儿，来这边看一下专门为婚房设计的产品……

（2）从顾客特征找赞美点，如表 2-7 所示。

表 2-7　从顾客特征找赞美点

顾客特征	话术要点
女性	夸发型好，问发型哪里做的？夸皮肤好，问平时怎么保养的
男性	夸见识多，赞美阅历丰富；夸品位好，赞美事业有成
老人	夸老人身体棒，问是怎么锻炼的？夸气色好，向他讨教怎么养生
年轻人	夸年轻人有活力，问最喜欢什么运动？夸年轻人时尚
孩子	夸孩子乖巧，赞美父母教育有方；夸孩子聪明，赞美孩子像其父母

（3）从顾客购房需求找赞美点，如表 2-8 所示。

学会赞美有许多好处，通过赞美，还可以巧妙地与产品介绍进行对接，通过赞美，可以在顾客讨价还价时为自己赢得主动权。

赞美要真诚具体。如果与顾客有过沟通，可以说："先生，我觉得您刚才说的（哪句话中的哪个点）特别有道理，给我的启发很大，我以后做销售时一定要注意这个问题。"这样顾客会觉得你很真诚。

表 2-8 从顾客购房需求找赞美点

购房需求	参考话术	备注
年轻人婚房	真羡慕你们,刚结婚就有房子了,哪像我们刚结婚的时候什么都没有,还是租房子结的婚呢 我们做过很多婚房装修,有两个建议: (1) 多注意选用环保材料,对生育、对宝宝都好 (2) 装修会很累、很烦,第一次装修不像第二次装修知道谁好谁差,女性心细,多听老婆意见,互相多一些体量	通过对比,让顾客有优越感 显示自己比较专业 暗示自己的产品环保 同理心,进一步拉近与顾客的距离;暗示自己产品好
年轻人婚后购房	那你真厉害,没有房子,就把老婆娶到手了 不过,你老婆更厉害,会看潜力股,这么快就能买房了 (按揭的,房奴)我们想当房奴还当不了呢?您说是吧 方便告诉我,你是做说明工作的吗?我让我老公、我弟也换工作 (父母帮忙)这么好的父母	先夸老公,再夸老婆 调侃,衬托顾客优越性
中老年人给孩子购房	您孩子真幸福,能摊上您这样的父母。哪像我们只有靠自己一点一点地积累 ("这还不知足呢!") 年轻人,难免的 您也别生气,我们这么拼,不都是为了孩子吗?将来还有孙子呢,您说是吧	通过对比,让顾客有优越感,夸其父母 安慰,同理心
中老年人的第一套房	第一套房装修,您要特别注意,装修的陷阱非常多 如果有时间,能在现场盯着就盯着,尤其是隐蔽工程 避免偷工减料、偷梁换柱	这个年龄才买一套房,一定比较在意装修的经济性,投其所好
中老年人的第二套房	真羡慕您,都第二套房了,很多人连第一套房都没有呢 经过第一次的装修,您肯定已经是装修的行家了,相信您一眼就可以看出我们的产品确实比别人的好	通过对比,衬托其优越性 充分展示对产品的自信

续表

购房需求	参考话术	备注
中老年人的第二套房	二次装修的人基本上最后都会选择我们的产品	不论顾客如何想，都要强化自身产品是最佳选择
	（"还真没看出你们的产品好在哪里？"）	
	您不会逗我吧	调侃
	那我就给您再讲讲。……这是一般的，这是我们的……	趁机详细介绍产品
	相信您这次选了，等您装修还会再来的	暗夸自己的产品好

赞美最好通过他人之口。在赞美顾客时，有时要让顾客感觉到真诚，可以借他人之口来赞美自己的顾客。比如"听您老婆的语气，我感觉，您在家一定是非常疼爱老婆的好男人，您挑选产品认真一点我完全可以理解。"

赞美配合肢体动作。让顾客感觉到你真正赞美他的最有效方式就是肢体动作、表情。赞美顾客时，可真诚地看着顾客的眼睛。

备注：赞美不只是在开始，应该贯穿整个接待中，赞美参考话术：

- 您眼光真好，这是我们最新款/卖得最好的一个系列。
- 我接待过的顾客很多，您对家装的见解是最在行的一个。
- 像您这样的成功人士一般都很喜欢我们的品牌，这款产品很有文化底蕴。
- 与您沟通非常愉快，真希望以后还有机会向您多多学习。
- 我接待过很多顾客，但像您这样豪爽的不多，您非常干练。
- 您买我们这么好的品牌给您家人，您家人一定很幸福！
- 您女儿真可爱，长得好漂亮，跟您很像！
- 您那个楼盘好贵，我们工作一年也买不起几平方米啊，真羡慕您！
- 您都开宝马了，我就是干一辈子也消费不起，您真了不起。

（三）探—找出需求：包饰车表记心间　望闻问切需求探

中医一般要经历"望、闻、问、切"，才能诊断病情。了解顾客需求，也要通过"望、闻、问、切"等环节来获取。

1. 望

人的外表是"内在自我"的延伸。在销售实战中，导购要善于从顾客的外表来观察顾客的购买力、购买需求、特点风格，从而指导销售工作，促使交易顺利达成。一般而言，顾客的外表需要观察的部分为：服饰、配饰、鞋子、车钥匙、手表等。

（1）服饰。

"服饰写满一个人的社会符号。"服饰覆盖了人身上近90%的面积，通常人们的经济实力与他们的衣着密切相关。从服装的款式、质地很容易判断一个人的经济实力。如表2-9所示。

表2-9　从顾客着装方面分析购买需求

性别	表现	分析	对策
男性	年轻男性：服装较为舒适、简洁	从事技术工作，收入较为丰厚的白领	推荐大众化、中档的产品
男性	中年男性：多为毛料、纯棉、真丝；光泽、平滑度都较好	成熟稳重的男性，是时代的消费主力	施展销售技巧，可以推荐高档产品
女性	打扮时髦、款式新颖、面料别致	收入不错，生活品质中上，经济负担轻	推荐时尚简约的产品
女性	款式端庄大方，做工精细	步入中年的成熟女性	有很强的购买力，可推荐高档产品

（2）配饰。

配饰包括包、腰带等，配饰也是一种很强的社会语言，它能暗示出一个人的审美倾向、生活态度和人生观，也体现出一个人的经济实力。女士的包、男士的皮带，如果是奢侈品品牌，如常见的LV、爱马仕、香奈儿、阿玛尼等，说明此人经济实力强（假的除外），并且爱炫耀，一般可推荐价格比较高的产品。

（3）鞋子。

"鞋子最易泄露秘密。"鞋子不像衣服那么容易过时，因此打折也不会像衣服那样容易出现"跳楼价"的情况。一个人能用低廉的价格买来质量比较好的衣服，却很难用低廉的价格买到优质的鞋子。那些衣着不错，却穿了一双廉价鞋的人，大多是实力不强。而衣着普通，却穿了一双好鞋的人正相反。因为脚承载了人的身体，脚的健康对身体很重要。关注生活品质的人，即使对衣服要求比较随便，但对鞋却很看重，那些穿好鞋的人，大多经济实力不错。

（4）车钥匙。

车钥匙可以看出车的品牌，也是佐证顾客收入的一个方面。车钥匙多放在包里、衣服兜里，如果导购"眼观六路"，有时在顾客拿取、摆弄时可以留意其品牌。

如果顾客把车钥匙，或者其他钥匙串挂在腰间，说明此人品位不高、不讲究、文化程度不高，往往是"70后"或"60后"，收入基本不靠交际。如果车钥匙品牌是保时捷、玛莎拉蒂、法拉利、兰博基尼、宾利、奔驰、宝马等奢侈品牌，说明此人收入较高，可以推荐一些高端品牌，介绍时多炫耀下自己的产品专业知识。

（5）手表。

很多人不带手表，戴手表的属于商务人士。手表往往不被人注意，但如果手表又是奢侈品牌（如劳力士、欧米伽、帝舵等），那导购就知道该怎么介绍产品了。

小贴士：观察心法

观察要自然：观察顾客时，顾客觉得你看他的目的是为了向他提供服务，他是受欢迎的，他便乐意接受你的服务。在观察顾客时，目光停在顾客脸上的时间不要超过3秒，超过3秒，会给顾客一种你在探究他的感觉。

留意顾客的特征：优秀的导购通常会留意顾客的特征，观察顾客服饰、配饰等，以判断顾客的个性、收入情况等。同时留意顾客的相貌特征，以便能够记住，以后见面时能够识别出顾客。如果第二次见面时能被导购亲切地喊出名字，顾客会感觉自己得到了重视。

切勿以貌取人：不要以为穿着短裤和拖鞋进门的就一定是"屌丝"，他口袋里或许还藏着保时捷的钥匙；不要以为蹬着自行车进门的就一定是"贫民"，也许他的宝马恰好今天借给儿子开去兜风了。要学会从顾客的外表获取信息，但是这不应作为是否热情接待顾客的依据。

2. 闻

除了认真观察之外，导购还必须善于倾听。因为顾客不会非常明确地告诉你说"我就喜欢哪种款式"，他们的回答总是很隐讳，这就需要认真听，仔细体会，才能从中发现顾客的真实想法。

在听的过程中主要发现帮助销售的相关信息，如顾客对产品的需求偏好、顾客需求的真实度及紧迫性、对产品功能的看法、对品牌的感知度、关键决策者等。

（1）用同理心去倾听。要站在顾客的角度去思考，进入顾客的生活场景。

如果我装修那个房子

+

如果我要买这类产品

+

如果我就那个家庭结构、工作生活习惯和消费能力

+

如果我也和现在的他一样兴奋幸福憧憬

+

一样迷茫困惑纠结，一样身心疲惫烦躁

=

我该怎么办？

（2）了解顾客的基本特征。我们面对的顾客，往往是一群什么样的人？

- 渴望好品牌，但他们往往品牌认知度不高（老顾客和推荐顾客除外）。
- 渴望专业的，因为他们对如何选择产品模糊不清（除了技术控）。
- 渴望靠得住的，他们普遍害怕上当受骗，比较谨慎。
- 渴望得到理解，因为痛并快乐着，第二次装修略轻。
- 渴望赚到便宜，都是人，都有着人性的优点和弱点。

（3）了解顾客的环境差异。心中要有顾客居住环境的相关差异，这直接影响到顾客购买产品的功能要求。

区域特点：当地温差情况、雨水情况、风沙情况、雾霾情况、地震情况、蚊虫问题、其他特殊情况。

小区特点：该小区是别墅、高层、小高层、多层、洋房还是安置房；小区位置是否靠马路、商业区等嘈杂区域，是否靠近海边、水边等潮湿地段；小区房价情况、人群居住特征、开发商配套产品；该小区、周边有无顾客案例。

顾客房屋特点：位置是否靠马路、河边、车库等；楼层情况（低楼防盗、防蚊虫、防坠物，高楼风大防坠，9~11层是扬灰层）；房屋采光情况、顾客户型、家庭结构；房屋装修进度、装修单位、装修风格，所用建材品牌等。

3. 问

询问是获取顾客关键信息的手段，也是顾客愉快交流的基础，沟通中必须要会提问。

（1）询问的两种方式，如表2-10所示。

表2-10 导购询问顾客需求的两种方式

类型	开放式问题	封闭式的问题
描述	是指能让顾客充分发挥，阐述自己的意见、看法及陈述某些事实现状	让顾客针对某个主题明确回答"是否"，或"从中选一个答案的二选一模式"
应用场景	需要获取顾客的更多信息时、需要引导顾客说话时、顾客性格外向开朗时等	获取足够的顾客信息时、要结束时、顾客已经确定购买时、顾客是话痨时、沟通时间已经很长时等
举例	"您理想中的装修风格是什么样的？" "您对选择品牌有什么要求？"	"您是刷卡还是交现金呢？" "你认为质量重要吗？" "您这是第一次来看产品吗？" "您有朋友用过我们的产品吗？ "您买产品的预算在什么范围内呢？"

（2）问是为了判断顾客需求。

在销售询问过程中，有几项是必须要了解的，有这些才能洞察顾客的需求，为顾客进行比较精准的推荐。问出顾客最在意哪些方面，才能"知己知彼，百战不殆"。为什么有的导购滔滔不绝地介绍产品并不能打动顾客，是因为还不了解顾客的需求，所介绍的产品优点不是顾客在意的。如表2-11所示。

表2-11 导购销售需要询问的顾客信息

所需信息	目的	话术
所在小区	了解辨识消费水平	你的房子在哪个小区
房型及风格	根据风格推荐产品	你的卧室/客厅有多大面积，有带房型图吗
装修进度	掌握进度锁定时间	你的房子什么时候开始装修 装修多久了
产品预算/心里价位	方便跟顾客较为精准的推荐	这款产品大概心里价位是多少 这款产品预算大概是多少

续表

所需信息	目的	话术
偏好判断	了解顾客的特殊需求	你希望产品具有哪些功能 购买这类产品，你比较注重哪些方面 （品牌、质量、性价比、款式花色、设计搭配、服务等）

（3）问是为了建立信任。

先问好回答的问题。在还不太了解顾客个性时，开始最好问简单的问题、问顾客好回答的问题，以免问来问去惹得顾客不快。

让顾客愉悦大于对错。与顾客的沟通，是情感的交流，也是销售的需要，顾客的观点没有对错，即使与自己的认知完全相反。在销售过程中，不能为了一个问题与顾客针锋相对、探寻真伪，让顾客感觉愉悦是最主要的。

问答用纸和笔来完成。询问顾客与产品相关的问题时，为了显示对顾客的尊重和用心，可以将关键内容用笔记录在本子上。

4. 切

切，对症下药的意思。先把顾客的类别和需求分清楚，然后再找出针对性的措施。

（1）顾客的年龄性别与购买心理。

女性顾客：购买动机具有主动性、灵活性、冲动性；购买心理不稳定，易受外界因素的影响，购买行为受情绪影响较大；乐于接受导购的建议；挑选商品细致，注重商品的流行性、外观、款式、品牌、价格。

男性顾客：多数是有目的的购买和理智购买，比较自信，缺少耐心，不喜欢过分热情和喋喋不休的介绍；期望迅速成交，注重服务效率；选购商品以其用途、质量、性能为主。

老年顾客：购买心理稳定，不易受广告宣传等外界影响；选购商品注重经济实用、安全方便、有售后服务保障；购买时的动作缓慢，挑选仔细，喜欢问长问短。在对其服务方面要注重耐心、引导，对商品的介绍强调安全性、实用性。

中年顾客：多属于理智购买，比较自信；喜欢购买已被证明使用价值的新产品；多数顾客购买能力较强。在对其服务方面要善于征求其意见并加以赞扬。

青年顾客：追求档次、品牌，求新、求奇、求美的心理较为普遍，喜欢购买新颖、流行的商品，不过多注重商品的价格和使用价值；具有明显的冲动性，易受外界因素的影响。

(2) 顾客的类型及应对策略。

A. 实惠型和品质型。

一般来说，经济基础一般注重实惠，推荐中低价位产品；经济条件好的注重品质生活，从高价位开始推荐，告之"花费的钱才是你的；不花费的钱都不是你的"。

如何判断顾客的经济实力呢？

一是着装打扮（前述的服装+配饰+鞋子+手表+车钥匙）。

二是观察是否首先看价签，以及看到价签后的表现，去竞品店看产品的驻足时间。

三是所在小区、户型面积，装修购买的产品品牌。

B. 产品专业型与产品不懂型。

产品专业型是对产品了解深入、做足了功课，甚至有些比导购知道的还多，问的也比较仔细深入。对于这类顾客多聆听、真诚的赞许、专业的回答、抓要点，忌耍小聪明。

如果顾客对产品不懂，那就需要多些耐心，简明扼要，先入为主，告诉其选择产品的标准，而这些标准恰恰都是自己品牌的优势。

C. 主见型和优柔寡断型。

主见型的人有自己的见解，不易左右和改变，沟通略强势。对此类顾客需要用专业配合他的主见，若明显不合理注意引导过程中的起承转合。

优柔寡断型的人缺乏自信，左看右看，难以拿定主意，对产品选择、产品价格犹豫不定。对此类顾客不要推荐太多产品，顾客通过专业告知顾客"这就是最合适的"，忌轻易改变方案。

D. 配合型和叛逆型。

有顾客喜欢跟随导购的话语而说话，但故意挑错误的叛逆型顾客越来越多，往往不喜欢跟随导购的介绍，这样的顾客就需要导购具备较为丰富的产品专业知识。在策略上，有时需要反着说，用激将法。

E. 冷漠型和亲切型。

有些顾客外表严肃，认真倾听，反应冷漠，不轻易表达想法，称之为冷漠型顾客。对此类顾客忌急于求成、喋喋不休、夸夸其谈，也不能冷淡应对，要耐心观察、乐观自信、保持诚恳，逐步拉近与顾客的距离。

亲切型的顾客说话比较和蔼，遇到这样的顾客是一件幸福的事情，导购应该尽心对待。这样修养比较好的顾客，如果发现导购缺乏素养，就难以赢得他们的信任，更别说成交了。

F. 一人决策型和多人决策型。

如果发现顾客主要是一人拿主意，就多和决策人交流，但也不能忽视其他同行者。在交谈时，目光也要偶尔交流。一则是礼貌照应；二则是他/她可能是不爱说话、冷静思考的一票否决者。

如果是明显的征求同行者意见，就需要多方顾及，必要时增加接待导购，减少产品的推荐数量，努力把他们往一个方向引导，达成购买共识。

如果同行者发现有顾客家人的朋友，他们往往是购物参谋，一般喜欢彰显专业、挑刺。要围绕购物者展开，但要及时照顾朋友的问题和情绪，适当奉承几句，有时可分组应对。

同行者是设计师，如果不是自己合作的，要注意防止设计师为了自身利益而挑刺甚至阻挠下单。原则上与设计师搞好关系，私密机会暗示可以给予好处，赢得设计师推荐。如果设计师不配合，则暗示顾客"兼听则明，偏听则暗"，设计师倾向于给提成的品牌。

（3）SPIN 引导销售法。

SPIN 销售法是尼尔·雷克汉姆先生创立的，由于英语字面翻译的不同，造成不好的理解。结合家居建材销售场景，利用 SPIN 销售法的精神创新演绎。

A. 挖痛点。通过情景（Situation Questions）了解顾客的现有状况，挖掘顾客的小痛点。如家中有小孩,有腿脚不灵便的老人,采光不好,靠近马路,与父母同住等。

B. 揭伤口。以这些痛点可能带来的问题(Problem Questions)揭开顾客隐藏的需求,让顾客进一步意识到这些问题的重要性。如小孩更需要环保、健康成长,老人要注意安全问题和一些简易的操作,沿马路更需要静音等。

C. 撒盐巴。通过利害暗示(Implication Questions)放大痛点,如同在伤口上撒盐,让顾客感受到解决痛点的重要性与急迫性,并刺激其解决问题。如装修选材不好对孩子的健康有危害,老人不小心碰着、摔着,噪音导致睡眠不好,影响生活等。

D. 抚伤口。一旦顾客认同需求的严重性与急迫性,导购就乘机介绍自己产品,为顾客提供上述问题的完美解决方案(Need-payoff Questions)。

SPIN 引导销售法如表 2-12 所示。

表 2-12 SPIN 引导销售法

步骤	话术举例(以厨房推拉门为例)
挖痛点 (SITUATION 情景了解)	• 您经常在家做饭吧 • 是否紧靠客厅 • 家里有老人吗
揭伤口 (PROBLEM 问题探究)	• 厨房是家里面脏、乱、差的地方,油烟多、容易溅水、做饭噪音大,天天做饭特别烦 • 一做饭整个屋子都弥漫着油烟味,敞开门,客厅就有油烟味了
撒盐巴 (IMPLICATION 利害暗示)	• 如果选择了不易打理的推拉门,以后就闹心了,擦半天也擦不干净,甚至还有味道、黏手,还容易弄脏衣物 • 如果隔音效果不好,做饭就会影响孩子学习、老人休息。看电视不调高几个音量都听不清楚,说话声音要大,像吵架似的 • 如果密封性不好,会导致满屋子油烟味,客厅里、卧室里、书房里到处都是。如果是炒辣椒,就更闹心了,是不是?单纯靠抽油烟机是不靠谱的,相信您一定有过体会
抚伤口 (NEED-PAYOFF 问题解决)	• ××推拉门隔音很好,密闭性也很好,推开、关上便利,玻璃、把手易清洁,很多顾客安装后都很满意,销量也不错

（四）证——体验产品：特优利证配每款　工具道具现场演

在把握顾客的真实需求、性能偏好（顾客价值观）后，要对顾客比较关注的性能进行"有图有真相"的强化。无需把产品所有优点、卖点和性能全部进行演示，只需针对顾客比较在意的功能进行确证，把产品打造成顾客在意的那种性能的专家形象。注意不等同是品牌既定的专业形象，而是顾客在意的；如果品牌某专业形象根深蒂固，可通过不同的产品系列不同性能进行解释。

如果顾客在意的某种功能无法演示、证明，或者公司产品不具备某种功能，可以进行顾客价值观的转移。这在第五步中进一步介绍。

本章前面说过，建立信任是产品销售必不可少的关键环节，包括信任导购、信任品牌、信任产品性能。所以，通过引导顾客体验产品来证明我们的产品能带给顾客的好处是非常必要的。

1. FABE 法

回顾第一章介绍，我们对 FABE 进行了优化，分为三部分：

一是这个产品有什么特点、优点（F、A 合在一起说）？

二是这个特点、优点能够给顾客带来什么利益（B）？

三四怎么证明如是所说（E）？

（1）哪个卖点是最重要的？

不能理解成哪个卖点是最重要的，应理解成哪个卖点对顾客最重要。同一款产品面对不同的顾客，应该使用不同的卖点来说服他。

设计师希望买到一些特别、怪异的能表现自己设计理念的产品；工薪家庭欢迎物美价廉的产品；富豪则要买最好的产品。性价比高的产品，对工薪家庭是利益；对富豪来说则是对他的"不尊重"。同样，一些销量很好的产品，对于一般顾客来说是利益，"很多人都买它，没错"。但对设计师来说，它就是一款平庸的产品，因为太多人用。

（2）特点、优点和利益的区别？

优点只有转化为利益才有说服力。请看下面这段对话：

> 导购 A："先生，我们的砖是用 7600 吨压机压制而成的。"
> 顾客："哦，那我再看看。"
> 导购 B："先生，我们的砖是用 7600 吨压机压制而成的，用 20 年都不会划花。"
> 顾客："哦？用 20 年都不会划花？多少钱一块？"

7600 吨压机压制是"优点"，但对顾客来说，经久耐用是最大的利益，不能准确地说出利益，顾客是没有感觉的，你的讲解说明是没有价值的。

（3）什么才是证据？

现在的顾客对导购说的话将信将疑，要排除异议、建立信任，证据是无声的"语言"。销售证据一般包括

信息发布：公布的排名表、新闻报道、网络搜索等。

销售记录：店里的顾客档案、提货单等。

顾客证明：顾客装修的照片、与顾客的合影、顾客的感谢信。

真实案例：大型工程项目、临近小区顾客、样板房顾客、老顾客等。

辉煌业绩：销售额、各种荣誉证书等。

产品对比：自己的产品与其他品牌产品小样或局部对比。

操作示范：进行功能化的操作、演示，证明某种性能、功能。

（4）FABE 活用。

顾客是买结果，有时不太在意性能，所以可以先说结果，然后再解释为什么有这样的结果，这就是 FABE 活用，成了 EBAF。如表 2-13 所示。

表 2-13　活用 FABE 销售法

EBAF 法	角色	对话
E 证据	导购	最近这款产品十分畅销
	顾客	为什么？它好在哪里

续表

EBAF 法	角色	对话
B 利益	导购	使用这款产品装修效果非常大气,显档次,而且十分容易打理
	顾客	其他产品不都一样吗
FA 特点、优点	导购	这款××,采用了××技术,独创性的,目前只有我们才有,××性能更佳

2. 产品演示法

人在接受信息的时候,80% 的信息都来自视觉,只有 20% 来自听觉,所以有了"百闻不如一见"的说法。顾客买产品的时候,比起你讲的话,他更相信自己看到的事实,顾客只有被自己说服,才会心甘情愿地买你的产品。

所以,针对自身产品所提炼的卖点,一定要设法进行相应的演示证明,或借助一些简要的工具和专门开发的道具。通过这些产品的演示,顾客感到新奇的同时,对该品牌产品留下深刻的印象,决定购买就成了一个大概率事件。

(1)可展示内容。

产品质量方面:如厚度(有时产品轻也可以证明质量好)、产品重、结实、手感好、产品环保证书、节能证明、质检标准、专利等。

产品工艺方面:如特殊的材质、独有的工艺、进口生产设备、表面纹理等。

产品外观方面:顾客能接触到的就是产品外观,各种内在工艺顾客都看不到,只能通过外在表象来"证明"产品的优劣,如手感、防污、耐磨等。

产品细节方面:有时整体产品都差不多,很难对比出来,就通过局部的产品细节来"证明"质量的优劣,如产品的边缘、转角、内侧、花纹、表面细节、缝隙处等。

企业实力方面：品牌代言、企业上市、十大品牌、广告宣传、销售额、企业员工、企业占地、品牌价值等。

概念卖点方面：利用产品特点打造一些新的概念，进行强化宣传，如瓷砖的玻化砖、涂料的负离子、油烟机的大吸力、隔音门窗、八防窗等。

（2）产品演示方向，如表2-14所示。

表2-14 不同细分行业产品的演示方向

产品	可演示证明方向
橱柜	易擦洗、板面平整、耐刮擦耐磨、板材环保、抽屉承重、水槽防水好等
衣柜	材质好、滑轨质量好、抽屉平稳、承重性能好等
家具	强度好、承重好、环保、耐高温、抽屉结实等
门窗	静音效果、牢固、节能保温、密封性好、安全性好、耐推拉、工艺细腻、防渗水、系统窗等
木门	表面光滑、质量好、油漆附着力好、卯榫技术领先等
地板	表面耐磨、漆膜硬、漆膜附着力好、环保、含水率等
瓷砖	防污易清洁、耐磨、平整、不渗水、结实、形状规则、厚度均匀等
卫浴	釉面光滑、坐姿舒服、不挂污、盖板易清洁、盖板缓冲、水件质量好、陶瓷质量好；旋钮顺滑、接缝好、支架承重、稳定；水汽挥发快、玻璃防爆等
壁纸	材质环保、防潮、花型逼真、可擦洗、耐光照、不嫌缝等
床垫	材料环保、透气好、品质好、舒适、弹力好等

由于篇幅有限，具体产品演示省略，有兴趣者可进一步联系笔者沟通。

（五）化—化解异议：化解异议价格砍 抚慰心理降价缓

在销售过程中，导购会发现，真正购买的人都会有不同的异议。顾客提出异议是销售活动中的必然现象，既是成交的障碍，又是购买的征兆。导购要了解隐匿在顾客反对意见背后的真实动机，有的放矢，处理好异议，做出合理解释，建立信任。让顾客明晰自身品牌、产品及服务能给带来的好处，消除顾客心中的疑虑，促进成交。

异议的原因：

- 对产品还没有完全了解，还需要进一步了解。
- 顾客未完全相信导购的解释，或购买的欲望还不强烈。
- 自我偏见，就想表现一下。
- 为了压价，故意提出异议。
- 购买恐惧症，心里怕吃亏。
- 导购的某个言行伤了顾客，所以想制造麻烦，寻求心理平衡。

顾客的异议主要包括价格异议、品牌异议、质量异议、售后异议、顾客偏好（顾客价值观）等。

在与化解顾客异议时，不要用否定和反对的词汇，如"不对，我不认同这个观点"；也不能说，"虽然有些您说的对，但是……"，这明显也是反对的观点。喜欢说"但是"的，要特别注意，因为"但是"听上去很刺耳，那是对前述的全部否定。应该用"补充"或"并列"的词汇来表达，可以说，"是的，同时……"，或者"我再补充一个观点，……"。并列的或补充的观点可能会和顾客说的完全不同，但感觉是明显不同的。

1. 价格异议

价格是销售中最常见的共性问题：太贵了、打几折、能便宜多少、就××价格，你卖不卖？……这符合 BCW 成交法则中顾客的"物有所值"判断。顾客说太贵，是一种心理习惯，其实心里在想一件事，到底同样的货是不是最便宜的？

价格异议处理原则：先锁定产品之后再讨论价格，要把握顾客砍价的真正原因是什么，然后有针对性的应对。谨记一点：无论何时砍价，造势为第一，让价为第二。造势，是为了满足顾客心理，同时也给顾客一种压迫感，让顾客妥协。让价，要小幅度让价，如果权限能让价三百元，那也要一百元一百元的让。

若产品真的价格高，我们就强调性价比，物有所值。在产品不能降价或产品价格较高时，如何提升性价比呢？

$$产品性价比 = \frac{产品质量 \times 服务}{产品价格}$$

从公式中可以看出,在价格不变或提高时,只有加深顾客对产品质量和服务的印象,才能提升性价比,让顾客最后有"物有所值"的综合判断。

附:产品价格异议的14招38式,如表2-15所示。

表2-15 产品价格异议的14招38式

级别	招式	话术参考
初级	算成本	1. 您看,我们的材料成本××、运输成本××、安装成本××、房租成本××、人工成本…… 2. 我们的产品至少能用20年以上,一些便宜的产品只能用10年不到,中间还容易出问题,到底是哪个划算呢
初级	换产品	3. 我也想卖给您啊,但这个价格实在不行,要不换这个产品吧,也挺好的 4. 那您还是再看看其他的产品
初级	送礼物	5. 价格是真的不能降了,只能再送您一个礼品
中级	时间巧	6. 今天正好是××节日活动,过了今天就不是这个价了 7. 今天正好我们完成了××单,我们为了奖金就这个价了,平时不是这个价呢 8. 我们正好就要完成这个月的任务了,完成任务厂家给我们奖励,所以才这个价,不然不是这个价的 9. 原材料一直在涨,明天这个产品就提价了,要抓住机会啊
中级	凑单子	10. 这是我们的团购价,满5单,我就跟老板说你们是一起团购的 11. 我们这周正好有一个团购会,大家到时候一起,满×单就可以一起享有团购价了
中级	找领导	12. 从来没有卖过这个价格,我请示一下领导意见吧,估计领导也不会同意 13. 看您也很有诚意,我请示一下领导吧
中级	看成交	14. 看看这是我们以前成交的,看看价格是不是比给您的要高?

续表

级别	招式	话术参考
高级	无此价	15. 上次我们老板的同学来买，也没有这个价 16. 您有见过比这便宜的吗？
	装可怜	17. 和您沟通得非常好，但产品实在没办法了，厂子要是我自己的，我就卖给您了 18. 您看着给我们加点辛苦费吧 19. 我是新来的，说的都是真的，您怎么也要给我一个被公司认可的机会吧
	撒撒娇	20. 您就同意吧，我们拿一点提成不容易 21. 别为那么一点钱犹豫了，我给您开单了啊
	敢承诺	22. 这个价格绝对是最低的了，如果以后您发现比这低的价格，我们补差价 23. 我们的产品绝对质量好，性价比最高，以后的服务也很到位（终身维修、免费保养、免费送货、免费安装、及时反馈）
骨灰级	戴高帽	24～27（略）
	换好处	28～33（略）
	承认贵	34～38（略）

2. 品牌异议

通过了前述的沟通和铺垫，到了这个阶段，一般顾客很少对品牌再提出一些异议，如果顾客还有一些这方面的疑惑，可能是前面对品牌的渲染不够，或者是顾客确实比较在意品牌的实力。从深处去探寻，顾客其实并不是在意什么品牌，而是品牌背书的产品质量、功能和售后问题。在品牌的说辞上，要结合自己品牌的实际情况。

首先，要树立自己品牌就是大牌的形象。若是二类品牌，也可以努力向大牌上靠，关键是要自信。可以从企业荣誉、明星代言、市场销量、细分市场、技术创新等方面来证明。

（1）企业荣誉。现在相关组织、协会搞的"十大品牌"之类很多，几乎所有的品牌都是"十大品牌"了，但顾客并不清楚。公司获得的奖项、专利等都可以作为炫耀展示的资本。但要注意的是，地方性授予的荣誉就不要提及了，讲它直接就是二线品牌的感觉了。

（2）明星代言。如果有了明星代言，就增加了成为大品牌的资本。如果是个三流明星，顾客都不认识时，千万不能抱怨企业选了不入流的明星，而是要说"这个明星您都不知道啊""这个明星是新秀、潜力股""这个明星代言最谨慎，考察认真，不像一些明星给钱就行"云云。如果是个国外的老头，那肯定要描述成资深的产品设计大师了。

（3）市场销量。就说自己的品牌销售很好，销售得好才映衬品牌好。当地销售不好时，就说全国销售得很好，刚进入本地市场，"我们来晚了"；如果全国销售不好，没有名气，就说在本地市场销售得很好，是公司重点打造的样板市场。如果是上市公司，就不用上面的废话了，一句"我们是上市公司"就足矣。

（4）细分市场。如果实在不能和已经固有的一线品牌形成冲击，那就细分市场，告之自己的产品是细分市场的领头羊。

（5）技术创新。在其他都不尽如人意时，自己产品独有的新技术、前沿技术，这也是很好的品牌背书。

其次，如果自己的品牌确实不入流，找不到可圈可点的地方，树立不了大牌的形象，那就强化产品质量、功能或售后服务，告知顾客这些绝对不比一线品牌差。让顾客感到产品几乎都是一样的，没什么差别，自己占了大便宜。顾客出再少的钱，也是心理上认为能够买到好产品的，希望自己能够通过价格低的方式赚到便宜。

最后，要强调的是，对于品牌一定要具有自信，就像本章开头对产品充分自信的心态一样。不能让顾客捕捉到自己犹豫不定时神态，要自信地说："您可以到百度上查查，或者问问亲戚朋友，或者其他懂行的认，看看我们的产品究竟怎么样？"

3. 质量异议

顾客对质量问题的担心，可以从以下四个方面讲述：

第一，是通过产品的外在表现来佐证产品的质量。如产品细节、产品的相关指标、产品的功能演示等，无需面面俱到，强化一两个比较"震撼"的角度即可。

第二，看案例。通过介绍案例，"这是我们最近做的顾客案例，您看看，您是哪个小区的，我帮您查查您的小区的顾客。"通过大量的案例，制造羊群效应，让顾客感觉到选择这个产品是对的。同时，还可以告之这些购买过的产品，使用效果都很好等。

第三，讲故事。顾客有时对一些指标满意了，但怎么就能知道多年后的产品表现到底如何，还是不放心。这就可以通过以前成交顾客的反馈来强化顾客的信心，如讲述几个高满意度、忠实顾客的故事。故事可以跌宕起伏，但表情应轻描淡写。故事也可以是"反面教材"，讲述某顾客为了贪图便宜（当自己品牌"高大上"时）或偏爱广告品牌（当自己品牌弱小时），而没有买自家品牌出现产品质量问题、不良体验等后悔莫及的事情。要充满同情和无奈，一副知心大姐的模样，早把成交这等鸡毛蒜皮小事抛之脑后的感觉。平时要把这些正反面的故事进行收集、梳理、演练，保证顺手拈来。

第四，给保证。通过上述沟通，还有顾客觉得虽然产品好、反馈也好，但怎么就能保证自己买的产品也是如此呢？产品质量问题总是有概率的，万一就是他买的产品"中奖"了呢？那就来最后一招——釜底抽薪！质量证明重要还是保证重要？关键是保证！顾客担心什么，顾客要什么保证，就承诺什么保证，彻底解决其后顾之忧。若顾客问产品能用多少年，能用10年吗？怎么说？不要说"保你用10年"，要说"用了10年还是这样，还是完好无缺。"

4. 售后异议

对于顾客的售后服务，可以在店内明显位置标示，以文字形式代替口头表达，就显得规范得多，也让顾客放心。

但也不是所有顾客就买这个账。"你们后续都有什么服务？"当顾客问起服务的时候，不是关心公司有什么服务体系，而是关心对他自己有没有服务。

一般导购都会这样说："我们公司有专门的售后服务部门来跟踪、处理顾客的售后问题。我们的产品一般是没有问题的，一旦出现问题，售后服务人员 24 小时内上门处理。您有任何问题，随时可以打售后服务电话。"

这样说有问题吗，好像也没有大的问题，但感觉太常规了，还是没有解决顾客个性化关心的售后服务。

终极对话模式就是顾客关心什么样的售后服务就给予什么样的服务承诺，而且不要闪烁其词，要干脆利索。

什么，有问题？在担心后续问题，怕顾客找麻烦？如果你有这样的担心，说明你还没有真正懂得顾客心理。

5. 顾客偏好

这部分内容有些深奥。

顾客偏好，就是指顾客自己的固有认知，虽然是对是错都有可能，但顾客对此深信不疑，且很难改变。如果品牌或产品事先提炼好的卖点，与顾客偏好对应，那就很好；如果与顾客偏好不符合，自己品牌或产品卖点压根儿就不是顾客所关注的，该怎么办呢？

那就需要进行顾客偏好转移，不能否定顾客的偏好，但要把顾客忽略的重要事项（就是自己产品的最大卖点）层层剥离出来，通过 SPIN 法则，把顾客非关注的，又是产品最好的优势放大。把顾客偏好所忽略的层面深度挖掘出来，语气一定真诚、专业、肯定，让顾客有"恍然大悟"之感。如果功底差，没能让顾客"悟"过来，顾客就流失了。

（六）订一建议下单：捕捉信号促订单　最佳时机就当前

"订"是要促使顾客下决心，与顾客进行充分的沟通，优秀的导购能捕捉到顾客的购买信号，果断地建议顾客购买。

1. 第一次接触

如果是第一次和顾客洽谈，顾客可能不会那么快下订单。通过上述的沟通和铺垫，顾客对公司产品、品牌及导购建立了信任，主要是寻求下一次的接触机会，一般是上门测量或提供一个报价方案、设计方案。

在合适时机，可以说"看我们明天过去量下房，留个家庭地址和电话吧""我们尽快给您做设计方案，加一下您的微信，做好后把方案发给您"。不确定下一次沟通的时间、事项，后续成交的机会也就更渺茫了。

如果顾客没有下一步的意思，要想办法留取对方的联系方式，微信或电话。"看来今天您也难以下决定，要不先加个微信吧，以后想进一步了解时，可以随时沟通。"

"先加个微信吧/留一个电话吧，后续如果我们有活动，我会及时通知您。"

如果顾客不愿意加微信或留电话，"多一个联系方式，多一个比选的机会。放心，我们不会打扰您的。如果打扰到您，把我删除或拉黑就行了？"

2. 识别购买信号

建议购买的最佳时机，应是顾客已经在思想上接受了我们的产品。如果产品满足了顾客需求、消除了顾客痛点，就可能向我们发出购买的信号。

（1）墨迹价格：当顾客开始注意价格，询问打折情况和购买条件，而讨价还价时。

（2）聚焦产品：当顾客的注意力集中在某款产品，表达对产品的兴趣（做一定的思考状）："嗯，……"，或顾客看着产品，轻微地点头表示。

（3）细究功能：仔细地询问某一款产品的性能和指标；拿着产品单页，全神贯注地研究，仔细地了解品牌情况、公司情况和产品证书资料等。

（4）征求同行：询问同行的意见，"你觉得怎么样"，或与其探讨装修效果等后期应用的场景。

（5）询问售后：仔细地询问安装、售后与服务情况。"你们的货多长时间？怎么安装？你们的售后怎么样？"

（6）表示友好：赞同导购，甚至站到了导购一边，由对抗者变成朋友，"你对产品很熟悉""你真是个不错的店员"。

（7）深思少语：当顾客不再讲话而若有所思或发问少时。

（8）再次光临：再次进店看某一款产品，反复看、触摸某款产品……

当上述任何购买信号出现时，就可以尝试建议购买了。密切注意顾客所说的和所做的一切，也许获得销售成功的绊脚石是导购过于健谈，而忽视了顾客的购买信号。

3. "逼单"技巧

销售就是为了成交，沟通时间过长、介绍过多，有时会让顾客无所适从，反而不知道如何选择了。只要把握顾客成交的 BCW 黄金法则，让顾客信任、过程愉悦、物有所值，特别是感觉到已经建立了顾客信任，那就要考虑如何把握机会，尽早让顾客下单的事情。销售之所以能成交，就是最终满足了对方的心愿，化解了对方的担心。

要注意，"逼单"并不是灼灼逼人式的，应注意文明礼貌用语，以平缓的语调建议顾客购买，避免催促、强迫顾客，"逼单"还是要注重一些策略和技巧的。

（1）直接建议法。

当感到顾客基本满意时、方案认同后、反对意见解答后、提及定金时，或者顾客非常愉快时，应积极主动地建议购买并简述购买的好处。这里的话术策略是：建议购买→简述好处。简述好处的目的是给顾客信心，彻底消除他的敏感心理。"我认为这款产品最适合您家的装饰风格，而且这款产品健康环保，建议您就买这一款吧！"

（2）缩小产品法。

最终没有顾客看上的产品，是无论如何不能成交的。现在每个店都有很多款产品，不可能一一给顾客推荐，要帮助顾客缩小产品选择范围，不要向顾客介绍过多的产品。发现走马观花式的、优柔寡断型的顾客，或具有"选择恐惧症"的顾客，就不要再推荐没有介绍过的产品，要从已经介绍的产品中选择。

有时顾客在产品之间纠结，我们要根据其纠结的原因，帮助其拿主意，而且要态度肯定。不能说，"这两个都差不多，哪个都挺好"，如此更让纠结的顾客无法下决心。

（3）缩小问题法。

顾客在决定购买产品前，可能会有不少方面需要把握，如产品款式、价格、售后、颜色、交货期等方面需要确认。这些问题都会成为成交的绊脚石，对成交的影响有大有小，有些是鸡毛蒜皮的小事。要主动结束对同一个问题的纠结，把对方的问题化简，引导顾客把握关键问题，询问对方除了某重要问题外是否还有其他问题。"您除了价格上还有点问题，还有其他异议吗？"或者直接问："还有什么问题吗？"

（4）请求购买法。

打感情牌，前述针对价格异议的策略，如装可怜、撒撒娇，如果是其他的购买障碍，也可以采用此方法。提醒顾客做导购不容易，不要在一些细枝末节过于纠结。敢于要求成交：请求，请求，再请求。

（5）"最"字法。

明确最佳，强化顾客对产品印象，让对方感到这就是最佳的选择，"这是最畅销、最独特、最便宜、最适合的""这个产品是目前最×的产品，这个产品最适合×人群使用，这个产品是目前所有产品中最×"。

（6）自信法。

对自己的产品和推荐要充分自信，自信能感染顾客的情绪。在顾客比较犹豫时，"选我们肯定错不了""这个，您放心""纠结的时候，选我们就对了"。敢于承诺，对于可以承诺的事宜，坚决反复承诺。"从使用效果和寿命来看，我们才是最划算的。您一定会有体会的！"

自信还可以升级，"您可以到市面上比比看，我们就是不怕比，比完了您再回来，我再给您仔细讲讲，您就知道我们好在哪里了。"

"早定早省心，早订早到货。我们销量那么大，生产还要排队的。"

（7）专业法。

站在顾客的角度，从专业角度根据顾客纠结的点给予建议。要表现专业的强势，利用自己的经验优势，帮顾客拿主意。

给顾客明确指令（自己要有判断，直接告诉顾客，有专家的范儿），顾客不知道产品有那么多专业知识的。

要给顾客灌输这样的概念，买这样的好产品是正确的选择。

（8）最佳时间点。

充分利用一些时间点，让顾客感觉到才可能有这样的优惠条件，如月底冲量、节日活动、下班前、周末促销等。

"今天最划算，明天肯定没这个价！"利用活动优惠时间促单。导购可以告诉顾客，如果错过了这些活动，下次就不知道什么时候才会有。

（9）假设成交法。

就是讲成交后的话题，如谈如何安装、如何保养、请求推介，以及增值服务等。

"您看大概什么时间安装合适？"

"您用得好，一定要帮我们推介顾客。"

"刷卡还是现金？"

"这里办一下手续吧。"

（10）成败随缘 + 破釜沉舟。

当顾客决定购买时，就适当闭嘴，不要再说无关紧要的话，也不要表现出过分兴奋，以免节外生枝。

当顾客最终没有打算购买，要及时进行心理疗伤：自己已经尽力了，其他的随缘；成交是有概率的，不可能每个顾客都成交的；有顾客沟通比没有顾客沟通好，拿这个顾客练练手，总结经验，下次一定会做得更好。

其实，也可以开玩笑式的，采取最后破釜沉舟的一招："跟您谈了半天没有成交，你让我产生了很强的挫败感，这可能改变一个人的一生，你要负责任的！"

(七)追一顾客追踪：后续追踪莫懒散　完美收官口碑传

顾客付款后，充满期待中又有一点小担心，对即将到来的产品充满憧憬，但同时对产品是否有瑕疵、交货期、装修效果等因素会有一点点不放心。作为导购，不能觉得反正顾客钱已经交了，生米已经煮成熟饭，接下来就不用管那么多了。其实，这是大错特错，也是很多店面业绩越来越差，一直做不大、做不强的重要原因。

顾客会对导购后续的跟踪服务比较在意。这时候如果导购服务好，会赢得不错的口碑；如果态度发生180°转变，就会让顾客心情失落、大失所望。别以为顾客钱交了，也不会对自己产生什么实质影响，要知道顾客还有一张口，不少亲朋好友在等待看效果、听点评呢？

哪些事项要开始追踪？从离店开始。

（1）离店问候。

在顾客离店的时候，可以给顾客发微信或短信，让顾客感觉到不一样的对待。短信内容可以事先准备好，如"尊敬的××，感谢您光临××品牌旗舰店，虽然时间短暂，相信您也感受到拥有×年历史的××品牌的品质与应用效果，我们的性价比是最卓越的，非常**希望它能给您带来……。××品牌旗舰店**"。

（2）产品物流动态跟踪。

定制产品越来越多，产品不可能是现货，有的订货周期比较长，顾客可能会等得有些不耐烦，这时候就是很好的服务顾客的机会。不要非等到顾客问进度时才查询回复，如果有定期的跟踪和告知，那对顾客来说多么的温暖。如果公司有信息化系统，像快递那样，能把产品的动态实时发送给顾客，那就很有科技感。但大部分企业现在没有那么智能，怎么办？定期不定期"手动"告知其产品动态。

每次的动态告知，就减少了顾客一点点的担心，对品牌的好感就一点点增加，从量变到质变的结果就是，通过其口碑传播，某一天帮自己带来了一位新顾客。

（3）及时送货上门。

即使顾客不太在意安装时间，也应该及时送货上门。这是对顾客的一种承诺，与顾客的时间紧迫与否无关。如果顾客有明确的时间要求，必须注重时间。

在此过程中，导购应该与顾客保持实时的联系和跟踪，在顾客面前始终保持存在感，让顾客体验到细致入微的后续服务。

作为导购，当货送到顾客家里后，一次销售过程算是基本收官，后续的动作已经转到施工人员。

但不是说做了这些以后，对这个顾客也就形同陌路，接下来还有更重要的事项，也是很多企业和门店容易忽视的服务，才刚刚开始。为了强调这个事项的重要性，我们专门用一个章节（第五章）来做深入分析。

（4）把"客情"变"友情"。

与顾客的一次相逢，又能把产品卖到了顾客家里，这是很大的缘分，大家习惯说要维护好"客情"。在产品成交后，对方就不是顾客了，"客情"其实就不存在了。我们应该把"客情"转变成"友情"，如果因产品结缘，通过自己用心、真心、诚心交了一批朋友，以后做什么还担心做不好吗？

与顾客的后续沟通，除非顾客意向性明显或和顾客约好，否则不宜轻易给顾客电话，以免造成反感。尽量优先考虑微信、短信沟通，尤其是微信沟通。

二、导购形象提升

礼仪能带来专业可信、优雅的导购形象,自信、自然、不卑不亢的态度,获得顾客的尊重和认可,以及提升产品的成交率。

1. 仪容

仪容的要求体现在:发型要求、面部要求、手部要求,如表2-16所示。

表2-16 仪容的要求

部位	要求
发型	梳理整齐,不留怪发型,过肩发需束起来,尽量做到盘起来。头饰应用深色且大小不超过10cm
耳朵	内外干净,定期清洁,无耳屎,可以戴一对素色耳钉
鼻子	鼻孔干净,鼻毛不外露
脖子	上班期间,可以戴一条简单的吊坠

续表

部位	要求
指甲	必须保持指甲清洁，无黑边；女生可涂透明的护甲油，不得涂颜色夸张的指甲油。女生指甲要求2mm内，男生要求1mm内
眼睛	如近视，尽量戴隐形眼镜；是镜框的眼镜，则要求简单的镜框
嘴巴	牙齿整齐洁白，上班期间不吃刺激食品，如葱、姜、蒜，牙齿无异物。饭后要吃口香糖，冲淡口气
首饰	手部可以带一枚戒指；手表要求简单、正式；不可戴其他首饰

2. 仪表

- 服装及领带要熨烫整齐、干净，不得有污损。
- 胸牌应佩在左胸前。
- 手伸直后，衣袖长度刚好齐到手腕。
- 衬衫下摆须束在裙内或裤内。
- 穿裙装时，必须穿连裤丝袜，颜色以肉色为宜，忌黑色。
- 着黑色皮鞋和深色袜子，不着拖鞋、运动鞋，女生鞋跟要求为5cm左右。
- 裤脚穿上中跟鞋后齐到脚踝处。

3. 仪态

（1）微笑。

嘴角微微向上翘起，让嘴唇略呈弧形，不发出笑声、不露出整颗牙齿的前提下，轻轻一笑。"三米八齿"原则，即对方进入三米范围时向对方微笑，微笑以至多露出八颗牙齿为准。

（2）行礼。

让顾客稍等时，行15度礼即可："请您稍等一会！"

欢送顾客时，行15度礼："欢迎您下次再来！"

欢迎顾客时，行30度礼："您好，欢迎光临！"

（3）站姿。

等待顾客时：头正、双眼平视、下颌微收，颈部挺直、展肩、立腰、收腹、并膝、丁字步。双臂自然垂于身体两侧，将双手自然叠放于左小腹前，右手叠加在左手上。

与顾客交流时：两脚平行打开，距离约10cm，双手放在腿部两侧，手指稍弯曲，呈半握拳状。切勿靠墙、手插口袋或相叉于胸前。

（4）坐姿。

左进左出，后起后坐，比顾客慢半拍；入座时小腿后撤一步，看椅子的位置。如果是裤装，坐下时，双手扶衣；如果是裙装，双手捋平裙子后，方可就座。

坐下后，小腿与大腿呈80度，大腿与上身呈90度，要正襟危坐。

如下蹲，需脚跟提起，脚掌着地，臀部向下。

（5）走姿。

两眼平视前方，腰挺直，下巴微收，左右两脚的后跟尽量成一条直线，两肩相平，两臂摆动自然，保持微笑。每步约32cm，速度为2步/秒，步伐轻松、矫健。

不可大甩手，扭腰摆臀，左顾右盼；也不可脚蹭地面，将手插在裤兜里。

（6）引路。

走楼梯时，导购在前；如果顾客是老人或者有小孩，则要与之平行走，确保其安全。客人走在正方向（中间），自己走在客人左侧。遇拐弯或有楼梯台阶的地方应使用手势，并提醒客人"这边请"或"注意楼梯"等。

在走廊引路时，应走在客人左前方的2~3步处，自己走在顾客的左边，让客人走在走廊中央，同时与客人的步伐保持一致，并适当做些介绍。

4. 销售礼仪

（1）待客礼仪。

待客礼仪是指店面没有顾客的情况下，所体现出来的形象与风貌。主要是指店面前台大堂的情况。

导购在前台坐下，其坐姿可以比较悠闲，可以忙自己的事务，如整理单据、看产品知识；或者跟同事交流销售技巧。但要随时准备好迎接顾客的销售工具。导购切忌把身体靠在前台或者坐在非前台的座位，也不能玩手机。

除了前台，导购不准在店面大堂范围内坐下休息或者跟同事交流。如果大堂有迎宾台，则要求导购按标准站姿来站立。

（2）开场礼仪。

开场礼仪是指顾客来到店面的时候，导购迎接顾客所体现出来的行为礼仪规范。这里有两种情况：迎宾台迎接和前台迎接。

当门口设立有迎宾台，导购见到顾客离自己三米左右时，面带标准的微笑，行30度的行为礼，同时要礼貌问候："您好，欢迎光临"。

当没有迎宾台，前台的导购见到顾客走到门口时，拿好销售工具，立刻起身，走向顾客。走到顾客三米左右时，面带标准微笑，同时礼貌问候："您好！欢迎光临"。切忌顾客走到大堂内时，才有导购出来迎接。

（3）引导礼仪。

引导礼仪是指与顾客开场后，对顾客进行空间上的引导。

导购进行开场后，顾客的反应有两种：

需要引导的：应走在客人左前方的2~3步处，自己走在顾客左侧，让客人走在中央，同时与客人的步伐保持一致。用标准的手势进行引导，同时礼貌地说："这边请"。在引导的过程中，可以适当地与顾客进行互动。

不需要引导的：这时导购可以说："好的，那您先慢慢看，如果有疑问，可以问我。"导购不宜走在顾客的前面，应该让顾客走在走廊中间的前面，与顾客保持1.5米左右的距离。当顾客有疑问时，就上前为顾客解答。

（4）介绍礼仪。

产品介绍礼仪是指当顾客需要导购进行产品介绍时，所体现出来的礼仪。

距离及方向：在与顾客交流的时候，跟顾客的距离应该保持在0.8米左右，应先靠近产品的那一边，容易介绍产品，也容易引导顾客。

站姿：腰挺直，两脚平行打开，之间约 10cm 左右，这种姿势不易疲劳。同时，头部前后摆动能保持平衡，也能缓和气氛。站的时候，不允许靠在墙面、样板间或出现休闲的站姿。

手势：右手食指靠拢，拇指向内侧轻轻弯曲，手掌整体稍微向内弯曲，掌心向上；左手拿着销售工具。切忌插口袋、叉腰。

交谈：导购与顾客交谈时，因为还不熟悉应该慢慢注视。首先，注视大三角（头和肩膀组成的区域）；跟顾客聊的时间比较长时，可以注视小三角（耳朵和嘴巴的区域），然后是倒三角（眼睛和鼻尖组成的区域）。在与顾客眼神对视时，不要超过三秒。

（5）座谈礼仪。

入座：先帮顾客移椅子，让顾客坐下来，然后自己在顾客的左手位置坐下，比较便于沟通和交谈。入座时，要轻而缓，走到座位前面转身，右脚后退半步，左脚跟上，然后轻轻地坐下。如果是裤装，坐下时，双手扶衣；如果是裙装，双手捋平裙子后，再坐下。

坐下：坐下后，上身直正，头正目平，脸带微笑，腰背不准椅背，两手相交放在腹部或两腿上。小腿与大腿呈 80 度，大腿与上身呈 90 度。女士要双膝并拢，正襟危坐。

上茶：无论多少人，应该使用托盘来端茶杯，茶杯装 3/4 的茶水即可。送茶水时，应该从顾客的左后方送过去。先将托盘放在桌面上，双手捧杯，递给顾客时，要微笑点头示意。顺序为客人优先、职位高者在先。给所有顾客递完茶水后，双手拿起托盘，后退一步，行礼并致意说一句"打扰了"或"请喝茶"，然后再离开。

会谈：交流时要保持自然微笑。当与顾客面对面交流时，眼神注视在顾客的鼻间眼神之间，但不超过三秒钟。没有紧急事情，不接电话或打电话。如果要接电话，则先与顾客道歉后再接电话。

手势：会谈时，手可以在小范围内进行小角度肢体动作，避免抬手过头或者伸手过长。切勿叉手在胸前。

（6）送客礼仪。

当销售过程接近尾声，顾客需要离场时，导购就要对顾客进行送别。

这个时候，可以跟顾客平行走，与顾客的距离保持0.6米。同时与客人的步伐保持一致，并进行交流。

一般顾客要送到门口，送别语言："很高兴为您服务，期待您的下次光临"。同时，向顾客行15度欠身礼，最后要等到顾客走完后，才回到店面。

三、销售训练

为什么导购参加的培训不少,在日常待客接物时并没有多少提升呢?原因就是听得多做得少,真正要提升自己,必须进行重复的训练,然后才会融会贯通,达到一个新的高度。

导购销售技能分为三个境界:看山是山、看山不是山、看山还是山。开始做导购时,觉得销售没有技巧,就是推销产品,初生牛犊不怕虎。等到碰壁之后或者接触一些营销技巧之后,发现销售也不简单,也有不少要学习和掌握的知识。通过学习、训练和提升,运用自如成为习惯后,发现销售也就那么回事儿,山还是那座山。

要从看山不是山到看山还是山,重复的销售训练、严格的销售训练是必需的。销售训练应该怎么做呢?

1. 死记硬背

对于初学者、自认为还需要提升者,首先需要要系统学习基础的技能技巧，强迫自己学，先死记硬背，掌握一些基本的要领。在学习中先清空自己的所见，在学习过程中，为了便于记忆，脑海中进行场景浮现，把学的知识逐步应用到模拟场景中。

改变命运，从改变自己开始。没有一种求知的上进心、没有梦想，就会找各种借口推脱学习。不要认为导购是一项轻松的工作，导购不是那么容易就能胜任的。

导购开始的学习过程是比较枯燥的，信息点多，之间的关联性还没有建立起来时，处于散点化分布。但没有关系，把每个特征场景逐个掌握后，一步步就能星火燎原。

2. 模拟演练

我们学习语言，都是经过不计其数的反复练习，最后才能说好语言。小时候一个走路的姿势也是经过多次的跌倒才学会，学习的过程，就是不断地重复、练习的过程，熟能生巧，最后才能融会贯通。

日常演练，可以自己一个人在展厅不同位置假想有顾客接待，从顾客进门开始，模拟欢迎顾客、介绍不同产品、介绍品牌、产品演示、询问电话、送客等情景，把自己所掌握的知识进行日常的模拟训练，把知识与场景结合起来。

再进一步，需要找个搭档进行角色演练，分别扮演顾客和导购，模拟接待顾客的流程，并对顾客的不同问话情景进行相应的应对。

3. 销售复盘

每天接待顾客后，对于当天的成功与不足进行回想反思，感觉在今天的表现中，哪些做得好，哪些做得还不够好。每天留出10分钟对自己的工作进行总结，长此以往，将会有意想不到的收获。

销售复盘，也是导购每天的必修课。所有导购在一起，临下班集中时间每人进行销售总结，各自讲述自己的心得、体会。同时，也可以交叉点评，聆听别人对自己表现的建议，这样别人如何评价自己表现，对自己不在意的、容易忽视的地方是很好的提醒。通过别人对自己点评，以及别人的经验分享，结合自己的感悟，自己想不成功都难。介绍产品和与顾客沟通的，学习他人之长，弥补自己之短。

通过观察，看自己能否发现问题，发现得越多，说明自己的能力越强。如果找不出问题，要么说明自己还比较弱，要么说明这人能力蛮强。不论是哪种情况，都说明自己还有不少的提升空间。

观察优秀导购的接待过程，或者两人一组，一人负责接待，一人配合并注意观察，接待顾客完成后，互相回顾总结优点和不足，提出改善意见。

5. 培训分享

导购或者门店应该交些同行的朋友，有什么样的朋友，也决定了自己会成为什么样的人。可以由门店牵头组织建材门店导购经验交流会，请每人选定话题进行交流，听听他人的经验分享，对互相提升是很有帮助的。内部组织交流和学习、经验分享，不求全，求务实。

上述导购经验交流会往往很难是同品类的，以免互相竞争，属于同一品牌联盟内的成员更有成效。同品类的学习交流只能通过跨区域的方式进行，如同品牌的临近区域经销商之间的门店人员进行沟通、学习交流。

也可以由门店组织一些优秀导购，指定专人专题进行经验分享；或者请专业老师，集中培训销售技巧、技能方法等。专业老师课程一般比较系统、全面，是经验的总结升华；优秀导购或店长的培训往往对某个话题有深入的理解，案例丰富、精彩、真实、生动。

6. 顾客装扮

就是从冒充顾客的方式到认为比较优秀的门店进行学习，感受真实的主角切换的模式。这种模式在同城、同品类风险较大，一旦被识别出，以后很难交代。最好选择非同城或者非同品类的门店进行体验学习。

第三章　形象力

形象力打造的主要目的：
- 提升店面档次和形象，提升品牌溢价。
- 方便产品的介绍和展示，增加成交机会。
- "耳听为虚，眼见为实"，增加顾客对品牌和产品的信任。
- 提高环境舒适度，增加顾客停留店面的时间，从而提升成交机会。
- 通过店面"物置其位""动物归原"的示范，提升员工的职业化程度，加速公司化管理进程。

一、门店高端形象赋能

一个形象良好、具有文化品位的门店，在吸引客流和销量提升方面是有很大的促进作用的。或许有人说："我又不是做高端品牌，店面也需要做得那么'高大上'吗？"其实，不论门店品牌定位如何，努力把品牌形象打造成高端形象，对品牌来说都是名利双收的。门店形象越高端，产品价格定位越往下走，之间形成的品牌势能越大，促成成交就越容易。

1. 高端形象打造

顾客对门店的第一印象非常重要，第一印象的建立主要是通过门店的外在形象产生的。高端的店面形象，一定在选材上特别用心，要求精致，不能有凑合、差不多的心态。店面的形象高端与否，差异就在细节上。

首先，门头设计。门头是脸面，占位尽量大，设计简洁、大气，用市场内最上档次的材料。

其次，橱窗。要用心构建，创造差异化，成为吸引顾客的一个亮点。

店内形象的烘托，除了产品外，就是软装配饰，要求尽可能丰富，而且选材要精良。在消费者心目中，这些配饰都是和品牌的定位和调性一致的，配饰差了，就相当于降低了产品的档次。店内产品，通过软装配饰，尽可能营造出居家氛围，场景和生活接近，让冷冰冰的产品充满温馨之感。

如果门店内有标新立异的物料、鹤立鸡群的产品展示，能让人眼前一亮，也能很好地提升店面形象、提升品牌档次。

2. 打造门店 IP

IP 的原意是知识产权，现在的用法、含义有些延展，可以理解为"能够赋予品牌识别、品牌记忆的特殊人、事、物，它能够给品牌赋能，并且具有较强的可传播性"，笔者觉得可以把它称为"品牌能量"。

IP 可能是一个人，比如马云；也可能是一款产品，比如小米手机；也可能是一项服务，比如海底捞的服务；可能是企业制度、管理或文化，比如华为；也可能是品牌的技术、特殊功能、差异化定位等。

门店也需要打造自己的 IP，想想顾客每天逛不少店，没有差异点、记忆点，很容易形成视觉疲劳。顾客逛了不少大同小异的门店后，再让其提起兴趣确实不易。所以，门店要打造自己独特的记忆点，是竞品所没有的，使之成为"品牌能量"，让顾客一眼望去，感受到与众不同，能在其心目中形成比较深刻的印象。

某品牌的门口的"太空人",很容易引起顾客的注意,也是品牌高科技象征的核心。某地板品牌,在橱窗位置设置"高山流水、水漫地板"的产品验证,让人过目不忘。慕思炯炯有神的"老头"形象,更是成为品牌代表,融入了品牌灵魂。东鹏瓷砖的"步步高升"瓦罐,可以挖掘石湾陶文化,成为东鹏瓷砖的 IP,可惜东鹏瓷砖有些浪费了这个独特的亮点,只有故事,没有渲染,与顾客没有建立太多关联。

门店也可以强化自身靠设计取胜的产品,放置当前流行的、竞品少有的、夸张等风格的产品。一个让顾客形成很特别的视觉冲击内容,就是在打造产品 IP。顾客离开后,对该点仍记忆深刻,那就非常成功了。

大部分门店现在主要通过"形象代言人"打造门店识别点,应该说品牌花了大价钱请代言人,确实也对门店帮助不小,但是否成为门店 IP 还需要谨慎。因为代言人是阶段性的,一旦代言合同到期,它就消失了,不具有持久性。

3. 创造顾客吸引

顾客进门第一眼往往是正门或往右看,这里的产品至关重要,这个产品要有亮点,才会给店面印象加分,使得顾客愿意继续看下去。

什么样的产品能有亮点、吸引力呢?一般来说,如果有设计新奇的、独有的产品最好;如果没有,可以放置形象较好、功能特点突出、利润较高的产品。这里的产品不一定是最畅销的,但一定是看上去形象好、能抓眼球的产品。

在进行店面布局时,应充分考虑顾客的购物感受,要让顾客"愿意进、愿意逛",这样才能提升潜在的购买机会。

在消费意识高涨的时代,顾客的感知也从单纯的产品转移到对店面的整体形象的识别上。在产品之外,为了吸引顾客,还要多角度抓住顾客的感官。

- 音乐。根据品牌定位和不同的时间段,播放一些轻松舒缓的音乐,让购物环境更舒心。

- 气味。保持空气清新，无异味。店内可放置大叶绿植，净化空气。必要时，也可以放置一些香薰、精油，但要注意散发出的味道不能过于浓厚。

- 光线。灯光柔和、明亮，能烘托出典雅的氛围。特别是店面比较大时，在没有顾客时，长时间开灯也比较浪费，可设置声控感应灯，或者开关在场景的外侧，便于开启后进入。

- 色彩。色彩在现代商业中起着传达信息、烘托气氛的作用。通过色彩设计可以创造一个亲切、和谐、详明、舒适的购物环境。色彩具有个性化特征，才能使色彩的表现力真正得以体现。

- 体验。创造更多情景，让顾客容易通过触摸、敲打、推拉、试坐等方式体验产品，通过外在的体验去感受内在做工的精致。

- 整洁。这本是店面最基本的标配，但还是有不少门店忽略了这一点，谁愿意到一个不整洁的店面多逛呢？

二、品牌体验赋能

对家居建材店面来说，只展示产品是远远不够的。因为它不是快消品，只通过刺激顾客的眼球就够了，还要给顾客更多的品牌"体验"，让顾客在店面内选购产品时，能充分感受到品牌的内涵，对品牌产生信心。这就是需要在店面设计时，构建一个能够融入品牌文化、证明品牌价值、能与消费者产生互动与共鸣的品牌体验系统。

具体来说，构建终端品牌体验展示系统包括接待区、品牌展示区、产品介绍区、产品应用展示区、员工形象展示区、设计师工作区、服务展示区、儿童活动区及磁石点设计等。

1. 接待区

接待区是一个外在的品牌形象展示，可设置迎宾台，放产品手册或活动单页、名片等，在迎宾或顾客送行时，顺便把产品相关资料送与顾客。

在活动时，在门外进行拱门等形式的氛围营造，烘托店面活动氛围。

接待区拉大了门店空间，增加了门店顾客接待和活动的范围。

2. 品牌展示区

品牌展示的落地，可通过品牌故事、品牌形象画面、品牌传奇、品牌IP等，演绎品牌文化。对这些品牌可落地的内容，通过品牌文化专墙进行展示，或将其融入店面的各相关位置。

品牌展示还包括企业荣誉、企业理念等，这些展示往往集中在墙的一面，故有时也称之为企业荣誉墙等。这些品牌展示的企业文化墙、企业荣誉墙的位置也应该有所注意，尽可能让顾客多看到才有实际意义。

推荐位置一：大堂或进门处，让来往的顾客能够很容易发现，对品牌产生一定的信任感和安全感，增加进店概率。

推荐位置二：业务洽谈处，与顾客洽谈，当顾客犹豫不决时，可以通过介绍企业获得荣誉、品牌故事等提升顾客对品牌的黏性和信任。

我们在服务一些家居建材企业时，发现有店面把品牌展示区放在店面进门的内侧，顾客很难自然发现，这样的品牌展示就失去了展示意义，起不到其应有的作用。

3. 产品介绍区

据调查，多数消费者对产品的生产过程往往是好奇的，很想对产品的生产过程有一个大致的了解。就像透明产品设计吸引人一样，消费者很想知道产品的"内幕"。

可投其所好，通过图文并茂的图片和流程进行产品介绍，再通过物料的应用和展示，说明产品在工艺、技术、性能上的优势，活化静态的产品。通过其生产过程的介绍，不但满足了消费者"刨根问底"的爱好，也突出了本产品的生产过程优势，哪些是竞品不可比拟的。这样，比单纯介绍产品优势，效果更真实、更生动，远比导购单纯解说更有效。

4. 产品应用展示区

研究发现，如果消费者所熟悉的人使用或购买了某产品，则消费者对该产品的信赖感就会提升。"代言"就是如此，因为由其做"背书"，就多了一层品质的保证，哪怕这个人是随机选择的，这就是消费的趋同性。

由此可以看出，在店内进行必要的产品使用者展示是多么的重要，有那么多"代言"者，何愁消费者不买呢？

这种产品使用者代言包括三种类型：

一是周边小区的用户。

对于购买过、装修效果较好、顾客配合度较高的用户，可以将其小区名称、顾客姓氏、装饰效果图片等进行展示。如果顾客都不愿意进行展示，至少可以将近期购买的顾客名录进行"感谢"，即：感谢××小区×先生/小姐选购××产品，恭祝乔迁新喜！

二是大家都知道的名人。

如果有熟知的名人用过此产品，则要把握时机进行宣传；如果对方不同意，可以用手写电子屏进行介绍。以防止此人抓着"把柄"，可以进行口头宣传。

在这方面，东鹏瓷砖的一则宣传，把此方法运用得炉火纯青。东鹏瓷砖进行的宣传中，给消费者带来较强的心理冲击。

三是工程类项目。

工程类项目应用，需要多选择有代表性、大家熟知的建筑，如果有区域标志性的建筑则更佳。比如世博会建筑、环球金融中心大楼等举世瞩目的工程，如果有产品能进入，即使不赚钱或少赚钱也值得，这是多么好的品牌价值提升机会。当然对于这方面的招投标和价格让利，企业方会给予较大的支持。

5. 员工形象展示区

店面是销售产品的场所，由于过于商业化，一般显得比较严肃，缺少生活情感的交流，给顾客的感觉就是买卖关系。目前有一个趋势，就是通过员工日常形象展示，活化员工形象，让顾客看到员工也是生活中的人，这样就多了一层生活情感的共鸣，从而拉近与顾客的距离。

所以，好的员工形象展示可以增加门店的生活情感和温馨氛围，降低消费者的防备心理，这就要员工形象展示越活泼越好，形式越生活化越好，员工笑容越灿烂越好。于是，顾客与导购之间除了买卖关系外，还看到了"活生生"的、工作以外的一面，也有快乐的生活和家庭，她们是"很可爱的人"。

6. 设计师工作区

在人们日益追求生活品质的今天，家庭装修不再是简单的涂涂刷刷，而是演变成专业的室内装潢设计。显然，顾客在购买产品时，如有专业的设计指导，定能大大提升店面的"专业性"和吸引力，成交率自然提升。有些导购喜欢名片上加印"设计师"几个字也绝不是空穴来风，这样售卖的就不仅仅是产品，更多的是家庭装修解决方案，能够提供更多的增值服务。

对于店面来说，如果有专门的设计师工作区就更佳，顾客在咨询装修设计时，往往会驻足时间很长，再加上对设计效果满意，该店面产品就是不二的选择——因为设计师都是用自己品牌产品设计。

由于家居建材店面大小和具体品类的不同，再加上设计师成本因素，并不是所有的店面都一定要有设计师工作区，只是要多借鉴这种专业展示的思想。比如可以宣传非驻店设计师，一是通过他们的"大牌"形象介绍；二是通过他们的一些设计师作品来展示产品。

7. 服务展示区

服务越来越重要，如果把口头上的承诺，郑重其事地列出来挂在墙上，就可以凸显出服务的真实性。服务展示就是一种庄严的承诺，不能有糊弄顾客的心理。服务非常重要，所以本书有专门章节进行介绍。

8. 儿童活动区

有经验的导购都知道，顾客如果带孩子就需要适当"讨好"一下，这样与顾客的关系就会瞬间拉近一些。顾客的孩子无疑是一个很重要的话题，通过与其交流，能够增加温馨氛围，让人回味到孩提的纯真时代。

店面设置儿童活动区，能够增加带孩子顾客停留店面的时间。顾客的孩子有玩耍的地方，与顾客的孩子沟通好了，满足了孩子的需求，顾客很大程度上就在店里进行产品选购了。

多乐士涂料专卖店虽然面积不大，新店面大都有儿童区，哪怕是很小的区域，无不体现着对顾客的孩子的关怀和爱护。

一些高铁站，在候车区都建设了儿童活动区，看着那些孩子快乐的玩耍，能给你一些启示吗？

9. 磁石点设计

顾客在店内购物时，基本上是按照进入店内→走动→在产品前停留→审视→询问交流→购买，这样的一个先后顺序购买产品。磁石点就是能够或者应该吸引顾客的区域，对这些区域的充分利用，摆放有吸引力的产品，能够吸引顾客的目光，以取得更多的成交量。磁石点对面积比较大的店面具有参考价值，对于小的店面意义不大。

（1）第一磁石点。

进入店内的绝大多数顾客都要通过店内的主道路。因此，主道路两侧的产品展示不仅对销售产生很大影响，还决定了对产品和品牌的整体印象。主道路两侧的主要位置，一般把它称为店面的第一磁石点。主道路两侧应该陈列什么样的磁石产品是应认真加以思考的问题。

第一磁石点可参考的产品是：购买量较大的产品、主力产品、极力想向顾客推荐的产品。

（2）第二磁石点。

在店面中的主道路拐角、主道路尽头、楼梯口等能诱导顾客在店内通行的位置，一般称为店面的第二磁石点。经验表明，凡是对店面第二磁石点重视者，销售业绩大都是比较出色的。

在这些区域，关键是要有效地诱导顾客继续前行，引导其尽可能地走到店面的纵深处。为实现这个目的，在陈列内容上尽可能地做到：陈列新产品、前沿产品及流行产品；陈列引人注目的产品；强调陈列产品的色彩和照明的亮度。

（3）第三磁石点。

第三磁石点位于店面的出入口左侧位置，一般是顾客走完店面，可能要离开店面的位置。这个区域陈列目的在于尽可能地延长顾客在店内的滞留时间，刺激顾客的冲动购买。

这个区域陈列的产品可以是体积相对较小的产品、特价产品、促销产品、购买频率可能高的产品。因此，在第三磁石点产品最佳组合上需要较高的经营技巧。

三、门店生动化赋能

生动化展示就是让产品更生动、更有吸引力地展示在顾客面前,争取通过多方位的视觉刺激和心理感受,让顾客在门店尽早形成购买决定。

总体来说,生动化的目的是:

- 让顾客:看到并欣赏产品;了解并信任产品,享受购物环境;开心地掏钱购买。
- 让竞品:黯然失色;终端遭拦截。
- 让企业:美誉度提升;有较好的销售回报。

终端生动化涵盖的内容较为广泛,从店面的设计、布局,产品的陈列、展示到物料的应用等。具体来说,包括店面商品、产品包装、销售配件、VI表现、陈列位置、陈列方式、宣传物料(说明书、DM、POP、台卡等)及张贴、摆放位置、促销物品、辅助展示物(专用展柜、展架等)。

1. 产品标签

目前产品的竞争已经蔓延到很多细节,不起眼的标签就是其中之一。

第一，标签要追求质感，特别是定位比较高端的产品。如果是纸质的标签，一定要选择最好的纸，这点花费值得。标签也不一定是纸质的，例如诺贝尔瓷砖的价格标签看上去像金属做的，包括价格数字也是用模具做出来的，这比机打的数字看上去更有档次，比手写的价格标签更不知道强过多少倍。

第二，标签形状可以异形化设计，不一定拘泥于矩形的形状，如心性、火炬形等。形状的选择也可跟品牌定位相结合。

第三，产品标签在有平面的产品上张贴时，一定要整齐划一，彰显品牌的非一般用心。店面的每一个设计，都能或多或少地触动消费者。产品标签也不用太多，一般每个单位产品上2～3个为宜。

第四，还可以用标签显示产品的特殊性，向顾客传递更多的销售信息。比如用"爆炸签"表示产品特价或便宜；有的产品带"大红花"，表示产品受顾客欢迎、销量多等。

2. 产品对比道具

产品不怕卖得贵，关键是要有卖得贵的理由，要能给顾客带来相应的价值感受，通过与其他产品的对比，无疑是很好的价值提升手段，"不比不知道，一比吓一跳"。安利产品的销售，最能打动人的就是进行产品对比。

所以，店面内一定要有能体现产品卖点的销售道具，或陈列对比、导购演示，让枯燥的产品优势更加形象化、直观化，让消费者感觉到真实，这在当前虚假到处横飞的年代，尤为重要。

产品对比道具，如果上升到门店销售成败的关键也不为过。这也是前述导购销售中"证"的关键环节。

3. 特殊陈列道具

一般产品陈列可结合该品类的特点，多构思错落有致的产品陈列形式。如瓷砖可以斜排列、推拉板等。壁纸多数平放着，被顾客翻阅得破烂不堪而影响形象,可以通过卷筒实物、展板、推拉板、形象墙等进行展示。

对于一般的产品陈列,基本上在遵循行业总体规则下,有所创新为佳。对于公司的形象产品,即那些能代表公司最高技术、设计、工艺水平的产品,虽然它们不追求销量,但能有效"提高"其他产品在顾客心目中的形象,提升品牌形象。就像宝马、奔驰推出的一些概念车,不批量销售甚至永远不上市销售,他们还推这些概念车干吗呢?醉翁之意不在酒,这些产品的推出,对于旗下上市产品的销售带来技术、科技的背书,大大提升其品牌形象。所以,对于公司的形象产品,需要有更加独特的陈列方式,这些陈列道具可由公司总部统一安排,也可以由经销商自己构思。

4. 店内 pop

店内 pop 包括 X 展架、三脚架、海报、产品单页、产品手册、品牌手册、吊旗、地贴、杂志等。这些店内 pop 可放置在收银台、产品陈列区一侧、物料陈列架上,pop 要求干净、整洁,有破损的及时更换。pop 数量不可缺少,但也不要过分渲染,以免显得杂乱、喧宾夺主。

这些 pop 需要做得比较有质感,要通过其提升整个店面的品位,而不是让店面感觉比较花哨,费用浪费了不说,还可能起到反作用。

对于 pop,有兴趣的消费者也就是用眼睛"一扫"而已。很多方面的细节,其实就是为了消费者眼睛的"一扫"。通过"一扫",顾客迅速得出相应的结论,如果扫到的都是给品牌加分的,那自然对品牌留下较好的印象;如果"一扫",没有多少突出的部分,就基本上看了而已,"悄悄地来,悄悄地走,不留下一点记忆"。

不要想一下子把企业的所有信息都告诉消费者,只有几个核心点就够了,这样容易在短时间内给消费者留下综合印象。

5. 促销礼品展示

促销礼品也可以看作是物料的一种,在进行阶段促销活动时,可以将礼品整齐排好放在店面内入口处，让从店门口经过的顾客清楚地知道正在做促销活动，以此吸引一些喜欢"占小便宜"的顾客。必要时，这些促销礼品还可以放置装饰花、气球，加上拱形门，增加喜庆气氛。

促销礼品可用堆头的形式做一些展示形状，并在周边设置安全缓冲带以维护好礼品。礼品的选购遵从实用、大气、精致三个原则。如餐具、床上用品等是常用的促销礼品，新房乔迁也实用，为了显示促销礼品的价值，促销品可标上价格。

6. 显示屏

店面的门头上有电子显示屏，能为终端的展示多吸引一些顾客的目光。一屏展示的文字有限，所以展示的内容也不宜过多。虽然文字是可以动态滚动的，但消费者没有太多的时间看这些滚动文字。所以，需要展示的文字应简明扼要，一般以品牌广告语、当前促销主题活动等为主。

7. 电视屏/电子屏

电视屏可以滚动播放品牌宣传内容，品牌的故事、产品的生产工艺、产品的研发、产品的特点等视频内容。在顾客走进店面的主通道上或洽谈区内都可以放置电视机，通过品牌宣传内容的放映，让顾客多一个了解的机会，起到潜移默化的作用。

由于产品越来越多，同一款式、不同颜色就可能形成一个系列，但店面的空间有限，不可能展示所有的产品。包括消费者越来越喜欢看产品应用的场景，即样板间展示，这更占据空间。怎么解决产品系列多、需要的样板间多的矛盾呢？通常的做法是用产品手册说明，但印刷成本、更新速度上都会有所限制。可以借助IPAD进行展示，或者再进一步与电视屏相连接，通过导购的IPAD介绍，让顾客从较大的电视显示器上观看。如果再进一步，投入一些费用，可以利用产品电子展示屏，让顾客通过触摸屏去寻找和选择产品。

8. 新科技应用展示

与自己品牌产品相关的，如果有新科技的应用，在终端进行展示时，比较能够吸引顾客，甚至成为品牌的 IP。这方面对品牌的提升意义非凡，值得企业深入思考。这里只是提醒，不做深入展开。有想具体了解者，可与笔者进一步沟通。

四、店面"风水"

提及"风水",在人们的心目中,多认为是迷信的,其实这是一个误解。从现代科学来讲,其实没有多少秘密,大多是能想象出来的,只不过平时没有注意而已。本节主要通过一些常见的店面环境对导购、顾客的一些心理影响,以求在店面空间布局和设计时加以注意,通过更好的店面布局,把人的活力激发出来,把店面变成真正的"旺铺"。

"风水"的核心,其实就是人与自然环境的和谐,环境和谐了,气流顺畅了,就会给人带来旺气。总体来说,要注意三个原则,把握了这些原则,就可根据具体情况灵活应用。

- 总体环境、视线、布局等,看着心里舒服,没有压抑感、异味等。
- 店面气流是否顺畅,要注意气流在店内走向是否有所迂回。店面的内外布局如与自然和谐融为一体,就意味着顺应了气的流通。这样店面融入了大自然的生气之中,就能顾客盈门,生意兴旺。
- 动静适宜,阴阳平衡。

1. 店面外注意事项

（1）注意夏晒冬寒。

沿街的店面，要考虑避开夏日的暴晒及冬日的寒风。如果出现其一，则在相应季节客流稀少。导购首先受到其影响，夏日火辣的阳光，让其大汗淋漓、口干舌燥，怎能保持好的情绪？情绪不好的员工，对顾客就会简单应付，甚至容易引起火气，如此这般，怎能不影响店面销售？同样，如果冬天寒风袭人，也受此的不利循环影响。

（2）门口遮挡物。

大门的环境是比较重要的，属于气口，是内外气流的必经之地，所以大门的环境非常重要。

门口要开阔，店面正前方不能有遮挡物，如围墙、电线杆、广告牌、过大的树木。前面有遮挡的店面，广告效应及顾客发现的机会就会减少，顾客注意的减少，能不影响店面的"财运"吗？

（3）注意店面对面的建筑物。

店面的门还应避免对着一些不吉祥的建筑物，如厕所、烟囱、医院、殡仪馆、法院等。这其实是从心理和环境卫生两方面来说的，因为这些建筑容易使人感到不适。试想，臭气熏天、黑烟滚滚，或者病吟、哭嚎、官司争执等，多少会对人的心理产生影响，久而久之，影响到人的行为，影响到店面的业绩。

2. 店面内注意事项

大门正对楼梯（包括自动扶梯）或电梯门是不利的，气流强，噪声大，直冲顾客。人们一般认为，这些地方是客流必经之地，是好位置。要注意的是，在电梯旁或上下楼梯旁是对的，而不是正对着。

一旦有了这样的地方怎么办呢？门可以错开2米，如果门无法改变，一般可用屏风、货架或大叶绿植等进行阻挡，使气流变得迂回。

入口应该比较宽敞，便于吸引客流进入，狭小则由于出入不便，还会造成客流拥挤，一些顾客有可能望而止步，不容易吸引客流。另外，如果顾客还要携带商品，出现磕碰的概率就大，很有可能损坏商品，造成不必要的争讼。

收银台在店铺中是很重要的位置，不能过高或过低，以收银员站或坐在内可外露上半身为标准。过高，收银员坐在里面，容易因为视觉遮挡，怠慢顾客；过低，内容物杂乱暴露，影响品牌印象。

音乐过响，嘈杂、吵闹，不好。久了会使人产生烦躁的情绪，对前来的顾客和导购都有负面影响，肯定影响销售。

盆栽植物。带来生机的盆栽植物很多，一般是叶大植物为佳，不要带刺的植物。这些盆栽在花谢叶枯时，要及时进行清理、修剪或更换。不要用假花来代替，因为盆栽带来的不仅仅是美，还有生机和清新的气体，这些都是假花所没有的效果。

五、店面整洁要求

1. 门口区域

门口区域是顾客对店面形象的第一感知,也是吸引顾客进入店面的有效工具。门口的日常维护是非常重要的,每天在早会前或早会后需对门口进行整理和清洁。如表3-1所示。

表3-1 店面各区域整洁要求

位置	要求
外立面	3个月一次整体大清洁
灯箱、橱窗	店外灯箱或橱窗的清洁是非常重要的,每周进行一次清洗、清洁
门口地面	保持地面清洁光亮,人在直立视线内无纸屑、无塑料垃圾、无水渍等污染物,每天至少清洁1次

续表

位置	要求
玻璃门窗	用玻璃专用清洁水进行清洁,用抹布擦拭门窗,时刻保持玻璃门窗的光洁明亮,在半米视线内从各个角度不能看到或摸到灰尘、污渍,每天擦洗1次
地毯	"欢迎光临"地毯摆放在门口的正中央处,占门口面积约3/5,每天下班前需要进行清洗和回收
停车位(沿街门店)	专门划分一区域用于员工电动车的停放,并画好停车标志。如有顾客需要停车,可由店面导购引导顾客停车,尽量停放在门口两边,不要挡住正门

2. 前台

前台是导购办公最方便的地方,也是顾客刷卡或付现场所,前台放有常规办公用品,如电脑、固定电话、文件夹、打印机、销售工具等。前台需要对这些物品按用途分类,摆放整齐,私人物品不得放置在桌面上。前台最好设置私人物品放置处,如抽屉、柜子等。

(1)前台的具体陈设要求如下:

● 电脑、固定电话、打印机等每日进行常规维护,主要是电源开关、插座线路的维护。

● 文件夹的分类管理,个人的文件、产品宣传手册、促销活动资料、公司文件等进行不同文件夹的分类,并整理整齐。

● 导购销售工具必须确保人手一份,并注上导购姓名,每天下班前检查各自的销售工具,看是否齐全,并放置在固定区域,由店长每日清点。

(2)前台的清洁要求:

● 前台在半米的视线内从各个角度不能直视到或摸到灰尘、污渍。

● 前台内不得放有与工作无关的物品(如服饰、镜子、照片、化妆品、食品等),前台桌面必须保持清洁有序。

● 必须保持电脑、电话机、打印机表面无灰尘、无污染,保证线路摆放整齐,通讯畅通。

- 迎宾台下方不得堆放物品（如服装、包等产品）。
- 前台桌面摆放名片、活动促销单页、产品手册，成一条直线摆放，注意保持整齐。

3. 洽谈区

洽谈区是顾客坐下来达成交易的地方，洽谈区的整洁干净有利于顾客达成交易。洽谈区的清洁标准要求如下：

- 在顾客走后第一时间进行清洁、清扫，没有清洁工阿姨的情况下，由接待导购做清洁工作。
- 烟灰缸应及时清理，把烟头倒入垃圾桶内，保证烟灰缸内无烟头、烟灰、口香糖、纸屑等杂物，并擦拭干净，整齐摆放于桌子中间。
- 将垃圾清理后即刻擦桌子、清扫地面，桌面物品重新归位，摆放整齐，茶点缺少的需要及时补充。

4. 饮水机

饮水机表面无灰尘、无污渍、饮水机下方存水盒内水不得超过 1/3，按时清洁干净，饮水机的水槽需在早会前后清理，保持盒内无污染、茶叶等杂物。

饮水机桶装没水时应及时通知更换新水，确保饮水机保持长期有水。

如饮水机加热或制冷等功能损坏时，导购应在 3 天时间内要求维修人员进行修理。

未使用的纸杯应放入杯柜内，柜子内无污染水渍；除未用过的水杯外，不得放入其他无关物品；饮水杯没有时应及时补充，保证顾客随时取用。

如树立门店"高大上"的形象，最好不设饮水机，可换瓶装水、咖啡机。

5. 杂物区

专卖店杂物区，是店面设计需要融入的空间设计元素，可设置在展厅后区、楼梯下或模拟间背后。杂物区也相当于展厅的小仓库，所以如何维护和管理好杂物区同样是一项非常重要的工作。

杂物区按照空间的大小进行区域划分，可以设置清洁工具区域、促销礼品区域、废弃物品区域等，用黄色的线划分好，进行统一管理。

定期对杂物区进行整理清洁，包括地面、墙面、天花板等，以 7 天为一个周期。如有顾客需要自提的小数量产品放在杂物区的，2 天之内必须提走，如有延期，则接待导购要负责清理。

6. 垃圾桶

店面的垃圾桶统一采购，统一样式，统一摆放，样式以沉稳为主，颜色一般以金黄加黑色为主；摆放位置在前台两侧、过道两头，以及洽谈区周边或者角落。每一个垃圾桶都有固定位置，每天至少进行一次检查。

垃圾桶摆放必须整齐规范，不能胡乱摆放，占过道或者阻碍视觉；垃圾桶表面应随时擦拭，清洁明亮，无明显污渍，无异味，垃圾的容量不超过 1/3，最好用脚踩盖式垃圾桶或电动感应式垃圾桶。

如果店面大，内有独立卫生间，要保证不能有异味、脏物，垃圾不可超过纸篓的 1/3，及时补充卫生纸、洗手液。如有异味，可适当喷一点空气清新剂，保持卫生间干燥通风。卫生间的常规清洁每日至少一次。

以上店面清洁，如果有清洁工阿姨，店面导购可以随时检查，发现问题及时叫清洁工阿姨处理。如果没有清洁工，需要安排导购值日生负责，由值日生负责监管，每天需对店面各个位置进行检查，如有异味、脏物、污水等，值日生安排导购一起清除。

六、店面形象的保持

一个店面保持一天赏心悦目不难,难的是天天保持如此,细节之处见功夫!我们提出店面展示生动化,其实,对店面细节的保养是生动化的维护,也是形象力的品牌赋能。

经常在店里看到玻璃碎了、价签缺失一块或掉了,粘贴字体缺少一部分、样品缺三少四、样品破损等,偶尔有一两处还情有可原,如果出现的多了,给消费者会留下什么印象?邋里邋遢、丢三落四,店面尚且如此,产品品质还能好吗?顾客感觉导购对产品和环境不怎么关心,推此及彼,对顾客的日后服务还能有什么奢望呢?

其实,我们细想一下,是不是店面的小细节没有注意到,对店面运营、人员管理、顾客服务上也是马马虎虎、"不拘小节"?肯定是!从外表就可以知其里,从人的外形可以推测其内心,识人看其相,识店也是如此。

在店面细节保养上,主要是杜绝店面的脏、乱、差、坏。如何做到?

一是每周自查；二是通过互查更容易发现问题。

1. 脏

这是店面经常出现的问题，必须严肃对待。脏，按顾客能接触到与否可分为三级：

- 最严重问题：顾客能用手或身体接触到的物品脏，比如座椅有灰尘、洽谈桌不干净、水杯有污垢、产品一摸一手灰等，这是最严重的不卫生。这些让顾客带很不舒服，直接影响顾客的购买心情。
- 一般严重问题：顾客很少用手去接触，但顾客能看到的地方，比如灯具的灰尘、角落的蜘蛛网、裸露的垃圾桶、不洁的地面、杂物的堆放等。这些地方，如果顾客看到会降低该品牌在顾客心目中的形象，拉低心理价位。
- 次严重问题：顾客极少关注或看不到的地方，如陈列产品的上沿、盆景凋落的枯叶、陈列物的背面等。这些对顾客影响较小。

根据"脏"带来问题的严重程度不同，对其的打扫和保洁频率也不同，最严重的方面必须每天一打扫、一般严重的2~3天一打扫、次严重的每周一打扫。

2. 乱

店内物品摆放不到位，随意摆放，主要表现有：

- 收银台上杂物堆放，凌乱不堪。
- 店面的产品摆放不整齐，不能形成很好的视觉冲击力。
- 店面的促销品、产品随意摆放，影响店面形象。
- 店面的促销物料摆放不到位，摆放较凌乱。
- 接待顾客后的桌椅、水杯、烟缸等未能及时清扫打理。
- 储物间外露，或者隐蔽部位摆放清洁物品等。

以上是店面日常容易出现的"乱象"，要进行治理，可每周由专人负责管理，发现问题严肃处理。关键是导购一定要树立店面细节保养的责任感和主人翁意识，也可推行店面的"物置其位，动物归原"的管理，就是每件东西明确好应该放置的位置，移动后及时恢复到原来的位置。

3. 差

主要表现在装饰、配件用材上，选择比较低廉的产品，不舍得用高档产品，影响店面的整体形象。

另外，在装修的细节上未能很好地处理，如墙面缝隙过大、不均匀，收边不统一，选择有问题的样品陈列，装修局部维护不到位等，不仅会影响产品的美观性，还会影响消费者对品牌的印象。

在物料的用材上，材质档次不高，直接让产品"掉价"。

对于"差"的问题，要求在装修和选材过程中，必须重视对细节的处理，这样才能整体提升装修的水平，树立较好的店面品牌形象。

4. 坏

店面出现了损坏、破损的物品，包括展示样品破损（裂纹、断裂、掉角、划痕等）、展示道具的破损或毁坏、家具配饰的损坏及物料（标签、店面POP等）的破损等。

出现了坏的物品，应该及时维修，以保证此类物品的"健全"。

所以，了解到店面细节保养因素后，如果再有店主抱怨产品价格难以卖高价、消费者认为价格贵，就需要多从这些因素好好地反思和检查了。有店主想：这就是一个比较实惠的、低价的产品，有必要进行生动化展示、提升那么高的档次吗？

我们知道，顾客购买的是价值感，不仅仅是价格。如果顾客从店面的装饰、配饰、生动化等综合因素感觉到的是比较高的价格，当顾客看到价签时，突然发现价格并没有预想得那么高，此时顾客会做何感想呢？肯定觉得产品非常值得，物美价廉。

经常看到一些店面装修时还不错，但在这一些细节和日常保养上麻痹大意。在这些看似小的问题上掉链子，实在可惜。

第四章 推广力

对于家居建材行业来说，店面自然客流带来的成交量越来越少，现在估计1/3都不到。客流的增加、销量的提升的主要功夫在店外，厮杀的战场不断在蔓延。

推广的方式看似很多，其实核心就是围绕顾客需要装修时的行动路径，在其装修时，在可能出现的场所进行拦截、宣传、围堵，把店内的销售带到了顾客的活动轨迹上。店外推广方式层出不穷，从小区推广、设计师推广、品牌联盟，到团购活动、电话营销、终端拦截、活动爆破等，形式多种多样，令人眼花缭乱。方式很多，到底选择哪一种或哪几种方式关键是要评估其投入产出情况，在一定时间内，效率、效益最经济化。

推广力的打造有短期活动的需要和配合，也有需要长期的坚持，不可能所有的推广方式都要去选择，但也不能一种方式也不选择，不然门店肯定是开不下去的。

一、小区推广

小区推广的本质是销售前移，向顾客的活动区域靠近，实现门店终端

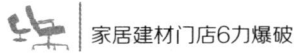

外拦截。

小区推广也不是什么新生事物，但与顾客沟通模式和顾客认知发生了不少变化，所以小区推广从新鲜到常态化，对小区推广的方式方法也要有所改变。要从原来的签单为首要目的转成以品牌推广、辅助活动聚客为主，为活动或后续成交提供更多的机会。

小区推广人员可以看作是移动的门店导购，门店的场景可以通过PAD的形式，把门店相关的销售信息都尽可能装载、展示，方式便捷，成本也不高。

小区推广的形式比较多，只要是围绕小区开展的活动、宣传、扫楼等形式都纳入小区推广，进行统一介绍。

（一）主要形式

1. 临时开店

对于大型小区，以及集中交付的小区，由于往往远离市区，生活、商业氛围还没有形成，一些开发的商铺难以租赁，这时可以根据自己经营产品的特性、租赁成本、周边建材市场情况等，考虑临时租赁商铺开店。如果有建材其他品类品牌入驻最佳，临时形成在装修高峰时的协同效应。

在这些地方临时开店面积不用太大，也无需进行全部产品的展示，可针对性地对该社区进行适合产品的展示和销售，配合一些团购政策更好。同时，前期开发好样板房，利用业主之间的口碑宣传形成销售联动。周六、周日时，在这里加大宣传力度。

这不是一种主流模式，要因时、因地、因产品而定，但仍是可以选择的方式之一。

2. 摆展

利用双休日，在小区人气最旺的广场或必经的过道等租用场地，进行展示产品、销售宣传、活动推广。

（1）物业洽谈。

联系小区的物业管理部门，要找到负责人，以多方共赢互惠为原则进行磋商。通过施以小恩小惠，用小礼品建立一定的工作感情，争取以较低的成本取得较好的位置、方式。对于那些集资房、单位房，可找该单位的行政部等部门。

有些小区的租金，关系好的可以少收甚至不收，所以要充分公关，取得好感，建立关系。

在与物业部门协商的时候，先要通过赞助制作一些小区必需的公益宣传牌、告示栏、指示牌入手，既获得物业部门的好感，又收到宣传的效果，接下来的合作就会顺利很多。

（2）摆展物料。

展架：X展架、KT板、易拉宝等形式，方便运输与拆卸，介绍品牌、产品、促销活动、应用案例、售后承诺等。在促销活动上，可以是针对该小区的方案，让该小区的人更有被重视感。

帐篷、太阳伞：营造气氛、防晒、防临时天气变化。

形象台、桌、椅：携带轻便的、标准形象台及桌椅若干。

电脑、PAD：以声音吸引人群；电脑现场设计可积极与业主互动。PAD里可提前放置好产品图册、品牌荣誉证书、产品检测报告、工程案例、样板间、顾客见证等。

小区单页：针对该小区的活动方案、案例、品牌荣誉等，可以发放给业主。

小礼品：与小区业主或儿童互动，拉近距离。

（3）注意事项。

场地布置要有气势，有一定的震撼作用和吸引力。有条件的，现场可播放专题片、广告片。

要服从物业的管理，有事情可找主管协商。避免不愉快的事情发生，不要与业主争吵，特别是售后服务方面应交代清楚，不要耽误业主。

人员最好统一穿着公司的制服或T恤，遵行良好的商务礼仪，使用礼貌用语。

介绍产品要专业，能点燃业主的购买欲望。如逢竞争对手也在摆展，不诋毁对方，不得为争抢顾客而与竞争对手发生争吵。

向业主赠送纸巾、气球等小礼品，以博取好感。对一些业主必需的卷尺、计算器、雨伞，在登记业主的姓名、地址、电话后，可以借给业主使用，下次借机入户拜访时收回。

推广人员要主动出击，在小区主要地点向路人散发单页、小礼品，并引导至展示地点参观。

每个工作人员都应按照事前确定的工作内容认真执行，确保推广活动井井有条、有条不紊地进行。接待业主时，积极建议业主参观展厅，积极介绍针对本小区的促销活动或团购方案。

3. 联合进驻

单独摆展，有时势单力薄，吸引不了太多业主，也可以考虑与其他品牌、家装公司等联合进驻，资源共享，制造较大声势。

如果活动规模较大，应考虑提前进入。如在社区广场、小区花园搭台，必须提前1天将表演台搭建完毕。

活动的宣传信息必须提前告知。社区通告栏的海报张贴要提前2周，横幅悬挂提前3天到1周的时间，宣传资料的派发需提前3天开始。

（1）品牌联盟进驻。

为共享资源，节约费用，可找一些门当户对的其他行业相关品牌合作，合作公关、合作宣传、合作展示、合作促销。

品牌联盟现在特别多，有冠军联盟等企业发起的全国性联盟，也有区域市场关系比较好的品牌经销商发起的长期或短期联盟。品牌联盟就是为了抱团取暖、资源共享、制造声势。只要其目标消费者一致，销售时间一致，这样在小区推广时就可联合进驻小区，共同进行推广。

（2）家装公司进驻。

与家装公司合作，选择与一些知名装修公司联合进驻。利用装修公司租用的门面，占用一角摆放产品宣传资料与样板。与家装公司协商好，要求驻小区设计师协助进行产品导购。每成交一单，给予设计师/装修公司一定金额的奖励。

4. 扫楼

所谓的扫楼，就是挨家挨户进行入室拜访，将资料送到业主手中，了解业主需求信息、收集业主资料，同时宣传品牌、推荐产品，最终促成销售的一种手段。

扫楼时一般选择乘电梯先到顶层，然后从顶层往下走，一家家拜访。要注意商务礼仪，穿着整洁，彬彬有礼。碰到业主或装修师傅时，千万不能死缠烂打，要适可而止。

入室拜访，最好带上一些礼品，如装修时用得着的卷尺、计算器、纸巾、小雨伞等。

可以留给业主的资料最好用一个纸袋或塑料袋装起来，资料一般包括产品折页、促销活动单页、活动代金券、邀请函、业务员名片等。

在扫楼前，先建立楼层各户基本信息情况表。在每次扫楼后，根据碰到的业主或装修师傅，把楼层各户的动态和拜访信息记录下来，填写在对应的小区业主档案表下面"跟进情况"一栏中，实施掌握小区业主的装修动态。

业主档案表基本信息包括楼层房号、姓名、手机号码、大致年龄、职业信息、装修进展等。该类信息一般有以下几个来源：

- 一对一的销售中拿到业主联系方式。
- 扫楼过程中从装修师傅手里拿到的联系方式。
- 从物业处买到的联系方式。
- 与装修公司、其他建材同行交换或买到的业主联系方式。
- 通过对售楼处公关或购买。

5. 广告宣传

小区的广告宣传可以替代、辅助、拉升地面推广人员的推进的效果。

一般宣传：在小区主要出入口挂条幅、贴海报等，或在已使用自己品牌产品的业主阳台、窗户悬挂横幅宣传等。如果允许，还可做一些巨幅宣传，将其挂在建筑的墙体上。

在楼盘销售阶段，做好对开发商与售楼部的公关，把宣传资料、小礼品放入售楼部，请其代为派发；或将广告牌、X 展架等，放在售楼中心进行宣传。

同时，可与物业管理处联系，做一些公益广告，如赞助制作小区楼层牌、门牌号码、电梯间内的宣传海报、公益标语，或者制作小区公益宣传牌、告示栏、指示牌、广告电子时钟、小区座椅、小区物业杂志等。

在楼盘售完至集中装修期间，是小区推广的关键期。对于重点小区，采取"高举高打 + 地面推广"的策略，即施展高空轰炸、地面进攻的"组合拳"，重点强势进攻，力争成为该小区内的"第一声音"。

6. 活动赞助

赞助小区举办的活动，如小区开发商举办的售楼晚会、售楼促销活动、业主联欢晚会等。

（二）主要进驻策略

小区推广如何有效开展？有限投入如何才能获得最大的回报？这是每一个决策必须权衡和思考的问题。这就需要策略，和打仗类似，兵力、后勤支援有限，如何才能做到收获最大？

首先，对本区域的小区楼盘进行全面的普查，了解各个楼盘的定位、价位、户型、户数、配套、开发公司、物业公司、开盘日期、预计装修日期、进驻装修公司、有无竞争对手进入等。

其次，根据筛选出的当前阶段需要开发的重点小区，进行投入收益分析。

最后，通过计算，若值得进驻，再决定以何种方式进驻该小区。这里介绍三种小区推广的主要策略：阵地战、游击战、联合战。

1. 阵地战

在研究消费者的认知中，很重要的一点就是要聚焦。消费者从认知到购买整个决策链条上，需要多次的品牌接触才能建立起较为深刻的印象，品牌才能形成品牌力。在能量资源有限，多壶水不能同时烧开时，不如先烧开一壶水。

小区阵地战就是集中资源在有机会的小区做深做透，把品牌影响和气势做出来。为了达到阵地战的效果，在该小区就要在高空、地面联合发力，广告、扫楼、样板等必不可少。

（1）广告。

地面的推进，需要有高空的配合。根据定位理论对人心智的研究发现，只有在顾客心目中树立"第一"的印象，才能让顾客记忆深刻，才能转化为第一选择，从而造成"爆款"，实现"销量爆破"。有了广告，就增强了主动权，在与顾客沟通时，也能增强员工的信心。

怎么才能做到第一？广告最多、广告牌最大、广告见到得最频繁，这些都会建立第一印象。有人会说，那么多钱谁能砸得起？不能全部，可以在局部、在细分领域做到第一。全城做不了第一，可以一个区域做到第一；一个区域做不了第一，可以一个小区做到第一；一个小区做不了第一，可以一栋楼做到第一。

广告的投放，要围绕业主的动线而确定，入口有大广告牌、路上有道旗、上电梯有电梯广告，如此的广告包围，才会对业主形成较强的视觉和心理冲击。重点小区，强势进攻，力争成为该小区内的"行业第一"。

第一，大型喷绘或条幅。使用方法：挂在小区业主出入的必经之路上，不要太高，要在行人的视觉范围之内。

第二，电梯广告。

在大型喷绘不允许的高档小区，可能电梯广告是所剩无几的选择之一了。电梯是业主阅读时间较长的地方，但仍然要注意使用方法：

- 最好是高层楼房，这样对应的顾客多，减少成本。

- 最好用裱框的形式，不建议使用整个电梯墙面，因为后期容易卷边，反而会影响形象。
- 要放在电梯按键旁的一面，阅读率最高。
- 首选产品名＋图片＋电话、地址，这里距离比较近，可以用适当详细的文字说明。

第三，道旗。道旗安装简单，二次使用率高（其他小区也可使用），但需要经常维护，防止刮风倾倒。简洁、大气、迎风招展的彩旗，正反两面都面积小，没有风则容易下垂，只有单面能够阅读的彩旗能看到。

第四，业主手册。在一些高档小区中，大型喷绘、易拉宝、电梯广告都不允许做，业主手册可能作为线上形象宣传是唯一的选择。

辅助手段：楼层贴、太阳伞、门符、样板房KT板和横幅、售楼推荐、推拉小贴士、公益告示等。

（2）扫楼。

既然针对该小区进行"阵地战"，扫楼是必不可少的动作，而且要求必须做得比较细致。

首先，必须拿到业主名单。

其次，及时更新小区各业主的装修进度，甚至每日跟进，要对该小区的动态了如指掌。

最后，准确知道业主在场信息，并第一时间到场。

（3）样板。

为了配合小区推广的效果，就要有第三方的声音，要有顾客口碑的"证明"才能让业主身临其境，起到销售临门一脚的作用。

小区做样板要选择户型好、楼层位置比较低的业主，在小区入口旁、一楼位置是最佳选择，方便顾客查看；样板选择户型越大越好、装修档次越高越好，这些都能拉升自身产品的档次；样板选择对业主也要有要求，一般常有人在家、爱说话、待人热情、人脉比较广的为佳。

在主攻小区内要第一时间建立样板顾客，根据小区的不同情况，以建立2~家的样板顾客为宜。

在样板顾客或其他装修期间的顾客，在阳台上进行适当方式的品牌宣传，如"××装修施工中""××品牌祝贺乔迁新居"等。

（4）小区团购。

针对集中开发的小区，设立优惠的小区"独享"的团购政策，让该小区业主感觉到比较受到重视，赚了便宜，有利于促单成交。

2. 游击战

对于阵地战的打法，需要投入的资源和精力比较多。对于一般经销商来说，如果时间、精力、资源有限，就推荐采用游击战。

游击战是以弱胜强的战术，是非正规作战，在实际战争中其精髓是：选择合适的作战地点，快速部署兵力，合理分配兵力，合理选择作战时机，战斗结束迅速撤退。游击战具有高度的流动性、灵活性、主动性、进攻性和速决性，并能广泛动员群众投入战争。

游击战在实际战争中取胜很重要的一点是，广泛动员群众。我们在小区的游击战中，也要依靠"联盟"的资源整合能力，获取的精准的"敌情"信息，哪个小区有机会就到哪里去，各个击破，充分利用好游击战的精髓。

所以，游击战的关键词就是信息"精准"，只有精准才能节约资源，精准知道哪个小区有机会，精准知道哪个业主在装修，甚至精准知道哪个业主在现场。

如何精准知道哪个小区有机会呢？虽然不像阵地战那样投入高空、地面的宣传，但基本的小区调研还是必需的。了解该小区的交房情况、入驻情况、装修进度等。

如何精准地知道哪个业主在装修呢？

一是自己小区人员的散跑，通过小区听装修声音、看装修垃圾、看装修人员等。

二是物业公司的装修备案。

三是通过装修公司人员了解。

四是小区业务人员自己建设的其他品类"小联盟"，信息共享。

五是兼职的小区业务人员，提供一个信息给一定的费用。

六是老顾客推荐等。

如何精准地知道哪个业主在现场？这就需要广结善缘，靠"潜伏"在各处的"人民群众"了。跑小区的业务人员按品类有家装小区业务员、瓷砖小区业务员、洁具小区业务员、地板小区业务员、空调小区业务员、地暖小区业务员、橱柜小区业务员、吊顶小区业务员、净水器小区业务员等，结合自己品类的装修时间，寻找其前端其他品类的小区业务人员，建立好信息分享机制。再说一遍，建立好信息分享机制很重要。

3. 联合战

联合战，就是不单兵作战，整合资源，寻找相关品牌一起进军小区，降低成本。联合战选对合作对象很关键。

选择联合对象，最好是前端或同阶段顾客，因为只有这样才会为自己带单。当然也不能一味苛求前端顾客，因为对自己有价值的"前端顾客"，在对方看来属于"后端顾客"了，自己对别人就失去了价值。如果都这样思考，那谁也找不到合作伙伴。

选择联合对象，最好是当地热销品牌，尤其是知名度高、口碑好的品牌，傍上"大款"才会得到更多的好处。当然这也是一个伪命题，都找比自己强的，那强者选择谁呢？所以，自己的朋友圈就很重要，当自己经销的品牌不如竞品时，但自己的口碑、人品好，朋友圈有质量，那就可以使自己的品牌受益。

选择联合对象还要考虑要门当户对，和自己的品牌档次基本处于同样水平，这样目标顾客群才一致，效果才好。

选择了联合战，大家扎堆成市，就有人气，声势就可以做大，一同做小区推广：摆展、广告、业主活动赞助等，一同做小区促销或团购。充分利用彼此的顾客资源、广告资源、人手资源、经验资源等，效果倍增。

最后要说明的是，小区的阵地战、游击战、联合战不是孤立存在的，不是非此即彼的。根据情况，可从阵地战转化为游击战，也可从游击战转化为阵地战;可一开始就联合行动,也可后期联合行动;可固定联合,也可临时联合,联合可深亦可浅。

游击战是必需的,激动灵活,省时省力。如果有了一定的资源,可以集中小区做阵地战,一年做 2~3 个小区。根据市场情况、人气情况、费用情况,以及机缘,如参加了联盟、响应商场活动等,来把握联合战如何参与。

(三) 团队组织与激励

区域经销商根据其区域大小和产品属性,核算小区推广可能的工作量,组建小区推广人员,一般 2~3 人。小区推广人员设置一个负责人,除了管理职能之外,也需要和成员一样,进行日常小区推广的事务。

推广经理可以由经销商自己担任,或有店长兼任,或招聘专职人员,要求具有较为丰富的业务经验和管理能力。

根据经销商情况的不同进行小区人员的设置,如可以思考把店内导购员编入推广业务代表,这样既增加了人手,又充分利用了他们的专业能力。

小区推广是男性还是女性,可根据不同地方形成的习惯来确定。有的男性为主,因为体力好;有的女性为主,因为容易与顾客打交道。

1. 人员的招聘

- 小区推广的工作环境差、工作时间长、体力消耗大、成交难度大,只有具备吃苦耐劳、百折不挠的人员才能胜任。
- 建议去招聘一些来自农村的职高、中专生、大专生,这些人能吃苦、工作务实,这是小区推广人员必备的特质之一。
- 有物业管理经验的优先考虑。有物业管理经验的员工,在日后与物业公司打交道时,拥有共同语言,有利于与物业公司建立良好的关系。

2. 主要岗位职责

- 进行小区市场调研，收集小区信息，制定小区推广业务策略。
- 对小区物业部门进行公关，与之建立良好的关系。
- 负责小区进驻的现场布置、消费者接待。
- 小区扫楼、入户拜访和宣传。
- 顾客邀约。
- 发挥"意见领袖"的作用，开展团购工作等。

3. 人员的培训

小区推广人员上岗前，应该进行一系列的培训，考核合格后再上岗。主要培训内容包括

- 品牌介绍、团队文化。
- 管理制度、运作流程。
- 基本商务礼仪。
- 良好工作心态。
- 产品基础知识。
- 运用FABE法介绍产品。
- 行业竞争态势。
- 基础营销理论。
- 小区推广实操动作分解。
- 顾客服务技巧。

4. 队伍管理

- "三会管理"：通过早会、周会、月会，随时了解业务进展状况，解决工作中出现的问题，确定下一步工作的方向。
- "工作日志、周计划、月度工作总结"管理制度：每天填写工作日志，记录工作内容，反映市场情报，提出工作建议；每周制定本周的工作

计划，以对工作进行预期；每月进行月度工作总结，分析得与失，并与其他人员分享，不断提高工作效率。

5. 绩效考核

薪资设置，建议：底薪＋提成＋交通补贴，提成要高于门店导购。

小区业务人员工作成效的评价参考：信息准确性与及时性、有效的业主名单、样板顾客建立情况、测量量、样板参观量、邀约到店量、成交量与成交金额等。

激励考核最好的方式是简单明了，能通过其一天劳动知道自己收入多少，目标性比较强。越是基础的岗位，越是需要简单，不要设置太多的任务、指标，那是给中层干部设定的，基础员工可能会认为那是故意克扣工资的一种方式。

如果是兼职人员，由于不是公司员工，不可能详细介绍公司产品，主要是能以给门店带单为主。激励方式可以按照带单奖、成交奖两种方式结合，只选择其中之一也可以，但最好是两种方式都选择，这样兼职员工的积极性比较高。

二、家装设计合作

现在的一线城市很多品牌会感觉市场容量大，但就是销售业绩不理想，总量甚至还不如一个地级市。为什么会有这种情况出现呢？固然有一线城市成本高、品牌集中、渠道分散等因素，但和家装设计的"截流"不无关系。一二线城市，业主比较看中房子的设计，设计师对业主选材的话语权比较大，特别是针对中高端人群，家装设计师是不可逾越的。设计师对业主选材有影响力的城市，就需要考虑与家装公司、设计师合作。一二线城市、省会城市是必须要考虑的；地级市设计师的地位也逐步在上升，早进行合作是上策。

品牌厂家在家装设计合作上，也应该承担自己的角色。一般来说，厂家负责建立全国有影响力的大设计单位关系，如行业协会、全国有影响力的家装公司、在全国有知名度的设计师个人等。经销商负责当地家装公司、设计师个人的开发与维护。

1. 家装渠道类别

（1）大型家装公司。

规模比较大，在业界有较强的影响力和较高素质的稳定顾客群体，其内部管理比较规范和完善，如上海地区比较知名的前 20 家家装公司或装饰协会前 20 名会员。选择合作的品牌主要从品牌知名度、与公司的匹配度、公司利益等考虑，设计师对各个品牌的选择影响较小。

对于此类公司，主要是通过返利或给予直扣价的方式，不过要保留一定的返利空间，进行相关设计师等人员的公关、客情维护等。

（2）规模一般的家装公司。

此类家装公司通常与多个品牌进行合作，每个品牌都会分配一定比例的销量。这个过程中，设计师的推荐往往起到一定的作用。

对于这类家装公司也可以给一定的返利，但同时要注意与材料采购、项目经理、设计师等保留一定的返利空间。

（3）设计师工作室。

此类规模不大，负责人本身就是设计师，所有的业务都由老板本人亲自洽谈和跟踪，内部设计师和材料采购员等往往不参与企业接触洽谈。

对于这类设计师工作室，可把公司返利和设计师返利合为一体，故在账面额度上可能会比上述公司返利高。

（4）不参与选产品的家装公司。

有些家装公司不参与顾客选择产品，但又想在产品上得到一定的返利，当业主选好产品并确定价格后，寻机谋取返利。

对于这类公司只给予象征性的返利，并约定其陪同业主来选择可适当增加返利。但如果是业主先选购材料，则不能给其过多的返利。

2. 家装顾客找寻

（1）网络搜索收集。

可以在网络上进行家装设计公司的搜索，如国家工商行政管理局网站、企业查询宝、企查查等企业查询APP，或者用百度地图"搜周边"或关键词搜索的形式找寻相关企业。

还可以通过齐家网等家居类专业网站，或门户网站家居板块来寻找家装设计公司。

（2）地推法寻找。

通过地面陌生找寻的方式进行家装设计渠道开发，大型家装公司往有独立的办公楼，甚至有自己的展厅。中小型家装公司集中在建材市场内或建材市场附近的写字楼、沿街门面等。

（3）设计师相关会议或设计师介绍。

有设计展示会等相关活动，可以宣传产品，并与设计师进行交流与沟通，集中找寻目标设计师。

在日常的沟通或者参加设计师聚会时，通过设计师、熟人介绍其他设计师。

（4）建材跨行业互换资源。

业务人员在日常拜访中，遇到非本行业的业务人员也可相互交换设计师资源，以共同扩大设计师资源。

（5）门店。

很多时候设计师或家装公司的其他人员会带着消费者到门店进行看样，门店也就成了架设家装人员和消费者的桥梁。要以门店为前沿和中心，构筑其与家装公司的信息收集、展示、交流的平台。

3. 家装顾客开发

（1）拜访资料准备。

开发家装公司应该具有一套全面完整的资料，包括公司手册、产品手册、产品单页、演示光盘、公司荣誉证书、工程案例及图片、个人名片、小礼品、手提袋等。

（2）顾客首次拜访。

顾客拜访开始最好由中间人推荐，这样就更容易取得好的效果。如家装公司员工、联盟品牌经销商或渠道负责人，与该家装公司有联系的广告公司人员、当地家装协会工作人员、建材商场管理人员、建材第三方平台管理人员或其他人脉关系。

家装渠道的拓展与其他类似的产品销售不同，不是直接去销售产品、达成交易，而是类似关系营销，前期主要是调查、了解、宣传、建立联系。

第一次拜访要事前电话预约，注重穿着及商务礼仪，要注意个人形象，避免迟到，逢人恭敬。

去时打好腹稿，初次交流内容不宜过多，先应准备好话题，不打无准备之仗。第一次拜访忌主动询问家装公司（设计师）与竞争品牌合作内幕，如果方便可试探性询问。第一次拜访忌主动给予详细报价，透露出笼统价格或者几款产品价格即可，除非是家装公司（设计师）坚持要求知道具体价格或者合作意向明显。

临场要随机应变，及时发现所拜访对象的兴趣、爱好，可多在这方面与之交流，甚至拜访后做专门的安排和邀约。合适的时机，向所拜访对象索取名片。

根据现场状况，要把握好谈话时间长度。如业主在场，应该留下资料，拿好家装公司（设计师）名片，稍作停留后礼貌离开，另约时间。

事先想好如何结束谈话，尽量留下话题，以便下次拜访。

（3）二（多）次拜访。

二次拜访（多次拜访）最难的部分就是寻找拜访的理由，如何找到合适的理由去拜访，成为销售中的关键。拜访的理由既不能太随便，因为设计师一般都会忙项目，没时间闲聊天，又不能太正式，毕竟已经不是第一次约见了。这在第一次拜访时就要打下基础，将公司材料分批次的给设计师送过去，增加自己在设计公司的曝光率。同时，初次拜访时观察设计师需要什么，也可在第二次拜访的时候以此类理由邀约。做好人员公关，谈话内容可视情况灵活应用。找机会邀请到家装公司旗舰店参观交流。

逐步开始合作沟通，了解顾客对产品的需求、合作模式，进行条款协商，如价格、返点、结算、售后等。

每次拜访都要有明确的目的，谈完问题后就可以离开，不能长时间逗留或与某人聊天，否则会让对方误认为很纠缠、时间空余或顾客不多等印象。

（4）试合作。

家装公司开始会抱着一种试试看的心理合作。及时了解设计师推荐中遇到的问题，快速协助解决。充分运用新品牌合作的热情，推动第一批顾客成交。

初次合作，店面、渠道、小区、测量、安装、售后等难免协调性欠缺，必须优先考虑渠道利益、优先照顾渠道顾客服务效率，并做好相关告知和培训。

培养家装公司的主推是业务员中的重点，同时也是难点。所以试合作的服务及时性、感情培养就很重要，以逐步增加信任。如由于业主原因成交，家装公司只是顺水推舟做人情，业务员应充分利用这种机会，趁机加深双方感情，提升对方信心。如果是因为家装公司力推成交，要做好售后服务，做到业主满意，激励及时，以增强家装公司合作信心。

（5）合作方式。

与家装公司合作，分驻场、场外、活动等形式合作。驻场合作，指在家装公司材料展示空间中开店的合作方式，顾客购物更便利，与设计师的沟通更便利。场外合作，指未在家装公司材料展示空间中开店的合作。活动合作，是基于家装公司的促销活动合作，比如提供赞助、活动产品、优惠套餐、优惠券等。

与设计师个人合作，包括备案合作（已经进入合作名单的设计师层面合作）与未备案合作（暂未进入合作名单的设计师层面合作）。

4. 家装渠道运维

家装设计合作一般都会试销，但往往困难就在于不能持续深入，尤其是家装公司选择空间多时。所以，培养家装公司的忠诚度，成为其首推和主推是工作重点，也是工作难点。

（1）加强内部协作，提高成单率。

盯项目：通过直接和间接渠道了解家装公司（设计师）正在、即将、可能的设计项目，及时跟进。

盯设计师：关注设计师推荐率，把握产出多、对公司认可、项目多、金额大的设计师。

盯管理高层：争取高层支持，通过高层的指标设定、人为指令等施压。

（2）提升业务人员信心。

与家装公司的合作是一项系统工程，产生效果较慢，如果短期工作不顺利，容易抱怨、泄气。所以，要求员工有热情，沟通能力强，有信心。同时对业务人员进行培训，加强业务指导，适当鼓励和激励，增强信心，以防半途而废。

（3）渠道运维的主要手段。

首先返利要及时，对于纠缠不清的业务来源，优先照顾家装公司（设计师）利益。日常拜访，赠送精美小礼品等。

在日常工作方面，对于家装公司各类推广促销工作，积极参与配合；对于设计师的成长、荣誉等给予力所能及的支持；设计师圈子、沙龙等活动的组织或赞助。

在被允许的情况下，在家装公司入口通道或洽谈区视线范围，做产品的小型展示，也可在相关区域放置资料或张贴POP。

在可能条件下，与大型装饰公司进行广告合作，互惠互利，树立高端品牌形象。也可派人员在周六、周日与协助家装公司做促销宣传。

在小区推广方面，如有机会，加强与家装公司的合作。家装公司直接面对业主，具有很强的临门一脚的能力。

加强对设计师产品培训。设计师在项目设计时，涉及的材料面较广，所谓多而不精。一般来讲，设计师长于色彩与造型，拙于对材料本身的理解。所以设计师对每种产品的理解与运用可能不如公司的专业人员。

注重工作内外的情感投资，定期与不定期的走访；工作外的交心，吃饭、喝茶、看球、聊天等娱乐活动；日常短信问候及力所能及的生活问题协助解决等。

三、品牌联盟

平台化建设势头正盛，大家意识到只靠单打独斗越来越难，特别是在成本高企的当下，再加上家居建材产品是低频的消费，就更需要资源共享，品牌联盟家居建材销售发展大趋势。越来越多的经销商同时经营几个建材品类，也是为了降低成本、自我共享资源，自己搭了一个小联盟。

1. 联盟的类型

联盟其实无处不在，我们先介绍广义的联盟。两个或两个以上的相关个人或品牌，在合作中共享利益、共担风险、相互借力，而形成的一种联合体，都可以视作联盟。联盟可以集中各自的优势，将所有资源先整合，再共享，即降低了各自的风险，又分享了其他品牌的各种优势资源，起到1+1>2的品牌推广效应。

联盟成员的选择，应充分考虑到各行业间的直接和间接的关联属性，就大家居产业链而言，应选择的范围在如下行业领域内，如表4-1所示。

表4-1 联盟成员的选择

类别	行业
房地产	社会性商品房、企业性商品房、二手房中介等
建材类	地板、瓷砖、木门、门窗、吊顶、灯饰、壁纸、涂料等
卫浴类	浴霸、热水器、马桶、浴具等
厨具类	橱柜、餐具、炉具类等
家电类	冰箱、电视、洗衣机、抽油烟机、空调等
家纺类	床上用品、窗帘类等
家具类	衣柜、沙发、床具、桌椅等
服务类	家装公司、婚纱影楼、婚庆公司、家政服务、物业管理等
流通类	建材装饰卖场、家电卖场、商超卖场、灯饰卖场等

(1) 公司级联盟。

由家居建材品牌总部形成的联盟，如冠军联盟，2009年由东鹏瓷砖发起，与大自然地板、欧派橱柜、美的空调、雷士照明等一起组建成全国范围内的品牌联盟。

(2) 区域联盟。

这也是最常见的联盟形式，主要是基于一个区域市场，由当地发起组织的各建材品牌的联盟。目前说的品牌联盟，往往就是指这种模式。

这些联盟的成员往往是在当地拥有较高知名度的本地品牌或全国性知名品牌，产品质量优良、售后服务完善，具有较好的品牌口碑。一般要求成员只能参加一个联盟，对竞争联盟具有排他性。

联盟制定统一的、内部流通的促销工具，如联盟代金券、会员制一卡通等，组织统一的市场推广活动、促销活动。联盟对成员进行统一的监督管理及奖惩，并定期举行相关会议，如组织运作、管理沟通会、市场研讨会等。

(3) 品牌合作。

规模比区域联盟稍微小些，只有少数几个品牌进行合作，没有区域联盟那么大的规模，在一起的活动以日常带单为主。这种模式对一些没有加入大联盟的品牌，可以根据自己的朋友圈而组建。

（4）个体群。

大到一个组织，小到一个个体，都可以形成"联盟"，很多人重视了组织的联盟，却忽视了个体的"联盟"。多联合一定是未来的大趋势，针对经销商各层级人员，都需要建立相应的群体，进行日常的交流，互相促进和提升，如经销商层面的"老板群"、店长层面的"导购群"、跑小区业务人员的"小区群"等。

2. 品牌联盟的好处

（1）节省宣传费用。

在市场费用增加、消费者越来越理智的情况下，单个品牌做活动投入产出往往不成比例。联盟成员进行小区宣传、活动推广等，费用一起分担，可以大大节省宣传的广告费用。

（2）资源共享。

品牌联盟的各商家可以共享顾客资源，互相借势，共同做大。其他还有广告资源、公共关系资源、市场信息资源等共享、互换。

（3）品牌价值叠加。

参加联盟的各品牌都是大牌，强强联合，可以形成品牌价格叠加效应，形成更强的品牌聚合力。

（4）团队形成合力。

各品牌业务员同时开展业务、做活动，互相学习、互相取长补短，共同提升。

设计师资源在不发生冲突的情况下也可以实现共赢，设计师可以推荐顾客到联盟，享受联盟所有成员的佣金提成。

（5）符合顾客需求。

顾客一次装修，需要消费60多种产品，品牌联盟增加了顾客挑选产品的便利，在联盟中选购又能得到实惠，何乐而不为呢？

（6）规避恶性竞争。

顾客越来越聪明、越来越难成交，本来家居建材就是低频的消费，如果品牌之间再恶性竞争，利润就更加微薄了。所以，品类间需要抱团取暖、弱化同品类间的竞争，减少价格战。

3. 品牌联盟活动事项

经过几年的发展和不断地改进，品牌联盟活动模式已经基本成熟，只要能将活动前、活动中、活动后三大环节做透彻，品牌联盟活动自然能得到良好的收效。

（1）活动前。

第一，统一思想，加强联盟间的合作。

联盟各品牌负责人应多加强沟通，由一位公信力强的人来做联盟领导，也可以联盟领导轮流做。出现问题必须及时解决，以大局为重；必要时可每个品牌上交1~2万元基金，作为保证金，出现品牌违规行为进行处罚。

第二，分工合作，各司其职。

活动前的准备是千头万绪的，作为组织者，一定要将各个方面充分考虑到位，然后对团队进行明确分工，同时明确工作项目、考核标准、完成时间、责任人、奖罚措施等。任务分配下去后不能只等结果，还必须进行督促与跟踪，及时调整方向。

第三，整合、共享资源。

联盟各个品牌必须将活动前积累的顾客信息统一上交，这些数据库是活动成功的强有力的保障。只有集中大量的潜在顾客，才能实现销售的可能，否则肯定会失败。各个品牌在宣传中，还须拿出自己的广告位资源，统一换成活动的广告宣传。

第四，精准传播，强势造势。

利用各个品牌的顾客资料进行短信宣传和电话营销。

抓住3~6个目标小区进行全方位小区推广，包括扫楼、电话、驻点、微信群等，将活动信息传播给目标顾客。

利用各品牌店面进行传播。有条件的，还可以利用2~3个重点网络进行传播，以及利用报纸媒介和电台进行宣传等。

（2）活动中。

现场组织严密。活动现场是给顾客留下第一印象的场所，也是压倒顾客气势的场所。顾客既然来到了现场，说明他肯定是带着意向来的，剩下的工作就是组织好现场。

中间让利多煽情。通过主持人的介绍，让参与者感受到这次活动的不容易、机会难得，每种形式的优惠促销等都堪称"史上之最"，消费者是有幸碰到的。

也可以品牌与主持人演双簧，表演促销活动不在计划之内，但能激发消费者的看点，也激发消费者的买点，让其切实感受到活动优惠不可思议，机会稍纵即逝。

甚至可以安排"已购买者""大闹现场"，说："早几天买的那么不划算，执意退货或抗议"等，最后"不得不"同意其也按本次团购活动优惠处理等。

（3）活动后。

顾客在团购会现场订单往往是凭着感觉下单，大部分顾客对品牌和产品并不是很了解，一般会承诺顾客在下单后××时间内可以退单。也就是这段时间，做得好可以平安度过，做不好则会成为梦魇，因为顾客醒来之后往往会选择退单。这段时间内到达展厅看产品的顾客，导购必须认真接待，甚至灵活对待促销政策，争取现场签单的顾客能够真正成交。

4. 联盟活动成功关键点

（1）必胜的决心。

人拥有信心，就能多为成功找方法，不为失败找理由，事情成功的概率就大。所以，联盟的成功首先要求所有成员必须具有成功的决心，对目标达成的苛求。

（2）联盟成员客群一致。

品牌联盟的各品牌要求目标顾客定位一致，门当户对，这样顾客资源才能很好地形成共享。如一线品牌只能与一线品牌组成联盟，二线品牌和二线品牌组成结成联盟。当然，此处一线和二线品牌不是按照全国市场划分，而是按照所在区域市场划分。某品牌在全国市场为二线品牌，但在该区域卖得非常好，走高端路线，市场占有率很高，那么该品牌就视为本区域的一线品牌。

（3）前期蓄水疯狂。

联盟活动的效果好坏，关键是看人气，这就和前期的预售卡等结果息息相关。现在活动越来越多，顾客对活动也司空见惯，预热蓄水越来越难，所以必须付出更多的努力。

（4）精准传播，宣传造势到位。

联盟活动需要目的性宣传、点对点宣传，以提升传播精准度和效果。如对顾客资料进行电话营销，微信、短信宣传，对目标小区进行扫楼、摆展、微信群、QQ群等全方位推广，选择当地2~3个重点网络进行传播，在各大卖场驻点宣传，建材市场、核心报纸、电台、电视等进行辅助传播。

（5）分工明确，过程跟踪。

对团队进行明确分工，包括工作事项、考核标准、完成时间、责任人、奖罚措施等。任务分配后不能只等着结果，还必须进行过程督导，并可能根据进展调整方向。

（6）激发团队潜能。

通过分组、小组竞赛等形式PK，调动团队每个人的积极性，充分激发销售团队潜能，对确定的方案要求百分百执行。为了强化执行力，在活动中，各品牌活动参加者由整个活动负责人进行奖罚，而不是各品牌老板，品牌老板不能干涉。

（7）资源充分共享。

要把联盟成员的各种资源发挥到极致非常关键。如各品牌活动前3个月积累的顾客、品牌重点小区的资料、品牌拥有的家装公司与设计师资源、品牌自身的广告位资源等。联盟活动时，每个品牌统一店内宣传，乃至经销商车辆也贴上活动的宣传内容。

（8）建立公信力。

当前活动泛滥，需要提升活动力度或背景以吸引消费者。如将活动与政府单位、事业单位、协会等挂钩，淡化商业氛围；拿公司总部背书，说活动是厂家授权；承诺是有史以来最低价等。

（9）选择高端场所。

选择高级酒店的大型会议室或大型会所的场馆，可体现活动的正规性与隆重性。同时，高端场所的气势可以压倒消费者，让消费者无"反驳"之力，提升成交率。

（10）促销内容具有吸引力。

促销内容新颖，真具有优惠，不能仅仅是噱头。

顾客为什么要参加活动？为什么要购买产品？为什么现在买？如果这几个问题考虑清楚了，整个促销活动的问题也就迎刃而解了。

品牌联盟活动举办前，应当明确制定出行之有效的促销方案，这直接决定了品牌联盟能够在多大程度上形成对于消费者的刺激力，必须基于各品牌优势和资源最大化地有效"黏合"，才能设计出真正具有合力效果的活动方案。

（11）长期合作思维。

联盟成员最好不是临时组建，长期合作，组建联盟章程，由一位德高望重、实力强的来领导各个品牌。出现问题及时解决，必要时每个品牌交1~2万元加盟金。各品牌也要有持续性的参加计划，在联盟中多付出，不过于在乎眼前的一点得失，在联盟中树立好的形象和口碑，终会有联盟团队的丰厚回报。

附录：联盟的激励措施参考

正激励：

（1）团队贡献奖。

根据单次活动考核积分最多的品牌团队，奖励100积分，第二名奖励50积分。最差的品牌团队，处罚100积分，次之的罚50积分。

（2）内部推荐奖。

导购向顾客推荐联盟品牌产品，每成功引荐一次获1积分（从被引荐方获得），以顾客实际到联盟品牌门店为准，可直接带顾客到对方门店,也可告知顾客到对方门店报自己姓名以享受优惠。

(3) 推荐成交奖。

导购向顾客推荐的联盟品牌,如该顾客最后成交,则奖励20积分。

(4) 超额完成任务奖。

联盟活动期间超额完成分配的任务,每超过1个有效顾客,奖励该品牌团队1积分。

负激励:

(1) 恶意蓄水。

活动中提供虚假顾客资料或信息,经查实当事人每次处罚10积分,所在品牌老板承担连带责任,每次罚20积分。

(2) 顾客投诉。

因服务态度恶劣导致顾客投诉,经查实,当事人每次处罚10积分。

(3) 损害联盟成员利益。

有意推荐顾客到联盟品牌竞争门店,或恶意攻击联盟品牌,造成联盟成员损失,经查实,当事人每次处罚30积分。

(4) 泄露联盟信息者。

泄露联盟内部未公开的资料或活动信息者,经查实当事人每次处罚200积分。

(5) 会议迟到者。

重要会议任何原因不得迟到,每次迟到罚20积分。特殊情况需提前请假,并必须指定人员代为参加并全权决策。

(6) 活动未完成任务者。

活动期间任何原因导致分配的顾客蓄水任务量不能完成者,与目标每差一个,处罚该品牌团队2积分。

(7) 联盟活动不执行者。

不能在规定时间内按联盟要求执行者,每次处罚50积分。

5. 经销商入盟策略

经销商能从品牌联盟学到什么？共赢的思想、扩大自己的朋友圈、提升销量、提升经验锻炼队伍，为以后发展铺路。所以，经销商还是需要加入某个联盟的。

（1）成员选择。

如果自身品牌是某一全国性的品牌联盟成员，那就跟从公司步伐进行联盟内的成员活动。如果没有加入全国性的品牌联盟，或者之间存在着地域的不匹配性，那就可以召集其他品类的品牌，建设属于经销商区域内的品牌联盟，利益共享，共同发展。

目前很多品牌的联盟活动只是一种松散的联盟，只是为了某个阶段的利益或某个活动联盟，活动结束之后联盟基本解散，这种做法其实浪费了很多的精力，再组建下次联盟又要再进行磨合。最好是一种持久、深入、有组织的合作化联盟。

- 成员选择最基本的是门当户对的品牌企业，最高境界是选择业内的比较强势的品牌。
- 有统一理念，成员之间在产品品质、售后服务、经营理念、社会责任感方面应当保持高度的统一。眼光比较长远的联盟才具有较强的生命力。
- 联盟成员之间注重优势互补，让一站式服务变得名副其实，为消费者节约时间和精力。

（2）入盟洽谈。

如果对某个联盟比较感兴趣，或者想和一些品牌组建联盟，需要知己知彼，和相关方进行沟通，让对方先"知己"，然后再去"知彼"。

让对方了解自己的品牌地位及规划（区域表现弱的强调公司背景强，公司背景弱的强调决心区域做大）、店面情况（位置差的、小的，强调有机会就换店面）、产品特色、团队状况（人员配置不够的强调就在招聘中）、发展规划（做品牌区域第一的信心和能力）等。

对于新联盟的加入或筹建，需要把握：

联盟运营操作，联盟有哪些规范、要求，哪些是红线，哪些有利于联盟健康发展。

联盟如何推广、蓄客，这些方式是否有效、经济。

联盟的合作要求，这些条件是否能够接受，哪些是付出，哪些是收益。

联盟的费用投入，联盟有哪些费用产生，联盟活动的频次多少，每次需要多少费用投入，可能的投入收益如何？

谈未来规划：联盟未来如何发展，人与人之间如何合作，也需要谈些合作"理念"和"感情"。

（3）联盟活动策略。

联盟的合作主要是活动，进入联盟后，特别是首次合作，"人品"很重要，这是树立品牌和个人形象的第一步。凡事注重长远、不看眼前的一点得失，一定是能做大的必备潜质，所以，在联盟活动时，需要注重多付出、少计较和争论，这样才能拉近和联盟成员的关系，获得好的口碑，以后在区域市场才能混得开。

联盟合作要树立长久的合作思想，要让联盟看到我们的配合程度，让联盟看到我们的投入（人力、财力、物力、精力），让联盟看到我们品牌的影响力。让联盟对我们有信心，才会有更多的机会和资源向我们倾斜。

做联盟也是弥补自身不足的重要场所，可以近距离的向同行学习，所以多观察、多学习，跟着"老手"做。这样锻炼了队伍，提升了经验，也是很重要合作收获。

（4）联盟活动评估。

加入了一个联盟，一起做了些活动，到底成效如何呢？是需要评估下得失，以决定下一步的动作。

首先，看收益。看看参与联盟活动的投入产出与不做活动的投入产出，最后只有收益大了才是有效的。

其次，看活动本身的人气及带单情况。人气旺的活动才说明宣传得当，比较受顾客青睐；带单情况，是联盟中其他品牌吸引顾客购买自己品牌的情况，一般带单率应大于30%，50%~60%属于正常状况。

最后，在知名度的提升情况下，感受自己的品牌在向顾客推荐时，是否说"没有听说过"的比例越来越少？和自己打招呼、点头问好的同行是否越来越多？是否感觉周边氛围一派祥和，对未来充满了自信？如果属实，那就说明进入了良性轨道；如果不是这样，就需要好好地反思和总结了。

四、联动促销

联动促销是单一品牌进行的活动,往往是由厂家发起,联合品牌一定区域内的经销商一起进行,围绕同一主题,在同一时间内同步开展,最后进行集中爆破。这样的活动,既能提升销量,又能宣传品牌,比多品牌、区域性的联盟活动更加受实力厂家钟爱,近年来此类活动明显盛行。

按照规模可分为全省联动、地区联动、门店联动。

全省联动是指以省为单位,在同一时间段内,开展统一主题、统一宣传、统一活动内容的大型促销活动。

地区联动,比省级联动规模小,以一个或几个地级市为单位联合进行促销活动,在同一时间段内,开展统一主题、统一宣传,开展统一的活动内容。

门店联动,是将一个城市的几家门店顾客集中到一个地方,如最大的旗舰店、星级宾馆等,进行统一促销活动的方式。

1. 联动促销优势

与品牌联盟及单一市场活动相比，联动促销具有较为明显的优势：

（1）提升自身品牌形象。

品牌联盟的活动主要是以销量为目的，虽然可以有其他品牌带单的优势，但如果自身品牌提升上不具备优势，品牌就会被淹没到其他联盟品牌中。联动促销是单一品牌的活动，克服了品牌单一门店促销难形成气势的缺陷。通过品牌厂家的牵头和资源整合，进行统一的造势、品牌活动宣传和信息投放，大大增强宣传效果，提升品牌影响力。

（2）提升销售力。

通过区域的联动，让顾客真实感知到这不是一个店在战斗，是众多门店的参与，是一个大品牌所为，能增加促销活动的公信力，更容易说服顾客，更容易成交。

（3）提升经销商营销能力。

通过联动促销，让经销商借势实现单一品牌的活动，锻炼其队伍，提升执行技能、提升营销能力。同时通过联动平台，与其他经销商互通有无、共同学习交流，不断提升经销商的经营能力。

（4）提升团队信心。

在经销商自己家门口做这样声势浩大的活动，能提升品牌在当地的地位，提升区域影响力，会大大提升经销商及其团队的信心，为业绩的良性增长，打下坚实的基础。

2. 联动促销流程

联动促销一般流程和步骤包括市场调研、方案设计、启动大会、活动造势及准备、现场爆破、活动总结。

（1）市场调研。

没有调查就没有发言权，方案的制定需要更具有针对性。需要进行调研的内容包括活动城市概况、近期楼盘情况、主要竞品最近及准备进行的活动、品牌历史活动及效果、相关家居建材品牌成功活动借鉴、主要门店所在卖场、消费者品牌认知和消费偏好等。通过调研，了解品牌行业地位和所处的现状，为精准方案制定做基础。

（2）方案设计。

最好有年度主题，彰显企业实力和气势，改变为了活动而活动的主题，要从纯价格竞争的环境里跳出来，要让活动变得有连贯性。

活动主题趋势公益化、科技化、明星化、娱乐化，再和产品主打功能等联合更佳，如"买××，助失学儿童""××世界噪音日""全国联动第一季××站"，通过品牌宣传提升品牌内涵和美誉度。和正能量结合，就会带来更多的正能量。

活动常用的促销方法有满额赠送、满额立减、直接降价、满额换购、有奖销售、套餐销售等。在终端的表现形式有返券、折扣、特价、限定条件优惠、限总量优惠、限客单量优惠、购买超过一定量优惠、商品碰头分组促销、捆绑销售、购买一定额度后可购超低价商品、赠品促销、有奖销售、商家联盟促销、购物送服务、老顾客回访等多种形式。

方案设计的促销活动，关键是吸引顾客进店，下单！活动现场，关键是场面盛大，吸引人！活动宣传，尽可能让更多的顾客知道，想去！活动激励，关键是让团队兴奋，拼命！工作推进表，目的是让工作有序！

（3）启动大会。

启动大会是活动前的一次动员，要从思想上、认识上、行动上进行充分的调动和展示，进行业绩目标的细分确认、活动方案的通关培训、军令状的签订，各参加活动经销商带团队向活动负责人宣誓。

培训内容包括活动策划方案内容分析答疑、活动岗位职责培训、岗位技能技巧培训、模拟演练等。

（4）准备期门店布置。

- 预约专区：有条件的门店，可以设置预约专区。专区预约背景写真、接待桌椅、礼品堆头/奖品模板、预售卡、DM单、活动手册、预约卡、《预约登记表》、指定专人管理专区。
- 包门头：包门头对于活动预热有很大的帮助，相当于一个临时的户外广告，会吸引沿途商铺及路人驻足。

- 橱窗广告：利用橱窗全方位的展示，传递活动信息。
- POP海报：传播活动内容及品牌形象，张贴于店门口、店内通道、洽谈区、收银处。
- 吊旗：正反面突出本次活动主题及品牌LOGO，在商场及卖场主通道悬挂；对终端销售具有刺激作用，一旦进入卖场，其气势和作用将非常明显。
- X展架：内容为本次活动的优惠卖点，主要放置于商场门口和主干道重复摆放。
- 堆头：立体形象的展示活动内容，吸引顾客眼球。
- 促销服：活动期间销售人员统一穿着活动促销服，展示品牌形象。
- 广宣资料复印：报纸广告投放软文及硬广要求报社加印或自行复印。
- 新闻发布会现场照片：将新闻发布会现场照片冲洗出来，放在资料夹上。
- 地贴：在门店内张贴地贴，营造活动氛围。
- 礼品堆头，奖品模板：在门店设专区展示预约礼品和活动当日抽奖的奖品模板。

（5）活动造势及准备。

在蓄客上，多管齐下，布局工作的关键点，如小区推广、巡展、终端拦截、电话营销、骑行、临时广告、微信互动等。

在形式上，或者与某个有影响力的节目进行联合互动。或者找有知名度的名人，提前为活动录制好，分别录制出不同的城市名，到活动时播放，以增强"现场感"。如有条件，可以同时选择多位名人为活动主题背书，同时播放，还可以明星直接到现场，增加影响力和互动性。或者用直播形式，多地同时互动，并让顾客通过直播了解生产厂区、专业人员讲解，切换时空。

同时准备好标价签、活动表格、当日演出活动、活动政策、活动动员会、活动产品特价政策、礼品明细、活动话术、军令状、物料明细、考核政策、门店门头及店内布置等。

注意事项：

- 一定把"势"造起来。
- 把 PK 用到极致，区域内经销商互相 PK、团队直接 PK。
- 活动前培训、考试，话术应用到极致，互相演练、基础考试，FABE 法则、SPIN 法则等。
- 每天任务完不成延长下班时间。

（6）现场爆破。

爆破形式可氛围集中式爆破、分散式爆破，如表 4-2 所示。

表 4-2　爆破形式

爆破形式	优势	劣势
集中式爆破	● 能够形成较大的品牌势能，对品牌提升的影响力较大 ● 人气足、氛围好，容易产生更多的订单 ● 对经销商团队的销售能力要求不高 ● 时间管理成本相对较低	● 投入费用较高 ● 顾客数量过多，可能导致导购应接不暇，部分顾客流失 ● 现场的促销激励政策，可能会导致单值利润下降 ● 容易受爆破当天的天气和地理位置影响，较远的顾客不愿意前往，会造成一些顾客流失 ● 活动管理时间节点和爆破现场要求高
分散式爆破	● 可以节约费用，如租赁爆破场地费用、大巴费用等 ● 对活动爆破时间要求不特别严格，受天气、地理位置影响不大 ● 对所有参与店面的终端系统可以得到提升和完善 ● 有效消化顾客资源，减少顾客的流失率	● 对经销商团队综合素质要求较高 ● 对活动培训要求高 ● 对厂家业务督导团队要求较高 ● 对品牌宣传的效果一般

在现场爆破前一天需要搭好舞台，准备好物料、LED 屏、礼品、POS 机、验钞机、收据、金蛋、水等。

爆破前一天下午，进行各站车辆引导、礼仪、安保、座位分区、金蛋区、礼品发放、节目娱乐、视屏调试、突发情况演练、活动结束散场引导等。

当天流程一般先分组达到展厅，在车上每组按实际交钱情况分发门票、嘉宾证、臂贴、广告衫等。然后包括酒店就餐、前往会场、入场、收款、砸金蛋、兑换礼品、暖场、穿插节目、促单、开场舞、主持人介绍嘉宾、领导致辞、明星出场、幸运顾客、合影等。

（7）活动总结。

活动结束后，店面成员需将订单尽快处理，针对已经交完全款的顾客，导购需要催促物流尽快送货，若仓库无货或定制产品需尽快向工厂下单。

针对只交了订金的顾客，需要催促其尽快交齐尾款。若邀请的顾客没有参加活动的，在活动结束后需再次联系并邀约来店时间。

店长需要在活动结束后的两个工作日之内进行店内的一次总结，针对导购在活动促销中出现的问题和亮点、活动本身的吸引力等方面及时进行复盘。其内容包括个人销量完成情况、整体销量完成情况、遇到问题及应对措施、活动的不足、活动的亮点等。针对本次营销活动模式进行总结，并落实奖惩。

联动促销活动关键点是宣传到位、力度到位、培训到位、执行到位，再通过回访的全方位服务到位，肯定会赢得品牌与销量的双丰收。

3. 职能分工

联动促销可能涉及的工作及职能分工：

总指挥：负责整个活动的总控及跟进、督导，发现问题及时调整。

门店导购：门店销售，日常顾客接待及成交；电话营销，A、B类顾客跟进。

家装推广：设计师信息资料整理、归档、跟进；拜访新旧设计师，传达促销活动内容，报备顾客信息；通过家装渠道获得准顾客信息，并电话跟进。

小区推广：小区扫楼，锁定重点小区进行扫楼，通过监工、泥水工、家装工人等，收集业主装修信息，进行电话跟进，并邀约到展厅；扫楼过程中，记录竞争对手成交情况，评估主要竞品的市场占有率、主力成交产品型号及价格，为促销策略调整提供数据支持；到重点小区驻点展示产品及促销活动信息。

微信电话营销：促销活动微信、新老顾客微信发送，没有加微信的顾客用短信通知；进行业主信息收集、电话销售及过程跟进，在电话销售人员不够时，选择招聘兼职人员。

临促管理：临促招聘、薪酬管理、培训、派传单管理、终端拦截管理等。

邀请函：进行顾客邀约，组织相关人员按计划发送邀请函到意向顾客，并进行面对面的沟通，注重工作质量及进度，确保完成发送。

会议管理：每天进行晨会、跳操、考勤，激励团队士气，协调相关人员总结工作，优化工作进展。

物料跟进：展厅活动物料制作、布置，宣传物料跟进，相关广告位及活动资源、媒体广告等投放。

培训：进行产品知识、活动内容、销售相关技巧等培训。

促销产品管理：促销爆款的确定，促销价格设计及实施监控。

后勤支持：采购活动所需物料，包括礼品、文具、促销服装、水果、点心、饮品、工作人员餐饮等。

数据管理：每天数据全程跟踪及整理，包括销售数据、电话营销数据、小区扫楼数据等。会议内容记录，每天形成报表发送到微信活动群或活动进度看板上，便于过程跟踪、考核及士气提升。

4. 顾客蓄水途径

一场活动的成功，首先要有顾客，如何能够找到目标顾客呢？

（1）专卖店蓄水。

利用店面的自然客流，向到店意向用户收取意向金，并填写预约卡，活动当日置换礼品或承诺活动当日不满意可退。

预约卡是活动当日入场的依据，同时也是活动当日签单抵扣、折扣等所用，不能丢失；活动当日随车人员，必须确认顾客是否携带预约卡。

（2）设计师推荐。

将预约卡交给合作设计师，由他们来发放预约卡给顾客，并登记详细的顾客信息。

或者找已合作、意向合作的设计师要准顾客资料信息，用电话营销方式向顾客介绍活动方案，并对有意向的顾客发放预约卡，并详细登记顾客信息。

（3）小区顾客找寻。

小区扫楼，对有意向的顾客发放预约卡，并详细登记信息。

向管理比较严格的小区购买顾客信息，用电话营销的方式与顾客沟通，向顾客介绍活动方案，对有意向的顾客发放预约卡，并详细登记顾客信息。

安装工等临时转岗，对监理员、安装工、售后工作人员进行培训和动员，利用其特殊身份，在一些管理严格的、业务员无法进入的、资料购买不到的小区进行顾客预定，主要利用早上7：00～9：00、中午12：00～14：00、晚上17：00～19：00三个时段，业主上工地查看装修进度时，进行接触和沟通，向顾客介绍活动方案，对有意向的顾客发放预约卡，并详细登记顾客信息。最好把顾客引到安装、施工现场参观和体验。

（4）小区验房征集。

有条件的区域，可以和一些专业的验房机构或者验房网站、论坛合作验房，为业主提供增值服务。在验房期间，派发活动手册，面对面详尽地介绍活动的亮点，争取现场收取预约金，填写预约登记表。

（5）异业联盟推荐。

将预约卡和顾客信息登记表交给合作比较好的联盟单位，由他们的员工给顾客发放预约卡，并登记详细的顾客信息，每卖1张卡奖励一定的金额。

或者找合作比较好的联盟单位要准顾客信息，然后用电话营销的方式向顾客介绍活动方案，对有意向的顾客发放预约卡，并详细登记顾客信息。

联盟合作单位，可以是建材行业的联盟品牌，选择自己产品前端的品类；也可以是非建材行业的异业联盟，如家电大卖场、汽车销售部等。

（6）全员营销。

可由公司所有员工在工作之余，向亲朋好友或亲朋的亲朋进行推荐，有偿发放预约卡，并登记详细的顾客信息，每成功售出一张卡，给予一定的物质奖励。

（7）路演。

在周六、周日，人流比较集中的超市、商场、步行街口，搭建舞台、请歌手、舞蹈演员、滑稽表演、互动游戏、拢聚人气，现场发放预约卡。

也可找第三方公司合作，由广告公司策划现场路演。

（8）户外 DM 单页发放。

利用休息时间在大型超市和建材市场门口发放资料，征集顾客信息，发放预约卡。可以单个发放资料，也可团队配合，或者在超市门口或建材市场的主门口摆桌子现场办公。

（9）商超代发 DM 单页。

与商超管理人员洽谈，由收银处及打包装员工派发 DM 单页，每派发一张给予一定的现金奖励。

（10）老顾客介绍。

制定激励政策，电话或短信邀请老顾客介绍准顾客，可要求老顾客带客上门，也可以应老顾客要求上门送预约卡给准顾客，并登记详细的顾客信息。

（11）电话营销。

电话营销是对目标顾客进行打电话、发微信或短信的方式传递活动信息。对顾客进行跟踪，并详细记录内容，顺便对顾客进行分类：A 类，本次意向顾客；B 类，下次意向顾客；C 类，无效顾客。建立顾客信息库，以便下次活动使用。

（12）网上征集。

将促销活动的报名页面发放到当地的门户网站，接受网络预定，通过措施取得准顾客的信息。凡网上报名的顾客可以到指定地点领取预约卡，也可以工作人员送预约卡上门。

(13) 团购会预约。

通过团购机构征集顾客信息，在团购会现场发布此次活动信息。现场的顾客，只要缴纳预订金，均可享受活动当天的优惠政策，同时制定团购政策锁定团购顾客。

(14) 广告宣传。

在建材市场的主要干道、专卖店门口、专卖店内部张贴广告。或者在活动开始前2周在报纸、电台、电视、户外刊登活动广告及报名方式，并接受电话预定。凡电话报名者在活动当天只要缴纳预订金，即可享受当天的活动政策。

(15) 找小区内小喇叭。

寻找小区内喜欢串门，热衷于边角新闻传播的好事者，征集顾客信息，发放预约卡，并给予一定的奖励。

(16) 短信推广。

找专业的第三方短信运营商，针对新近楼盘、老顾客、锁定区域的小区短信覆盖，通过设置短信回复报名。向精准顾客发布带二维码的彩信，以及签到二维码。

(17) 微信推广。

微信公众号发布的活动信息，及时在朋友圈转发，并配置一些向顾客表达的想法，并可直接对近期未成交顾客进行微信介绍。

自己有相关群的，也需转发活动信息，利用免费的自媒体资源，充分告知潜在群体。

(18) 骑行活动。

人员6~10人，要求统一服装（至少上衣都是公司活动服装），自行车也统一，自行车上插上公司的活动旗帜。

选择人群多的路段、高端社区附近的路线，在工作日每天下班时段进行，时间可为2小时。

如遇行人询问，可详细介绍活动并发折页，并尽可能留下对方电话。

五、门店团购

大规模的联盟促销、联动促销,是赚到了人气,但成交是"小虾米"居多,真正的"大鱼"是不喜欢在现场凑热闹的。对这类客户有针对性地做一些"团购",避开过于拥挤的人群,还是值得尝试的。

(1)背景。

有一部分顾客资源,已经到店面了解了很多次,但一直在犹豫不决。

有一段时间没有举办过活动,顾客在等待。

大型节日之前进行顾客拦截,抢先锁定部分客户。

(2)开展时间。

选择在周末晚上,最好是星期六。团购的时间不宜过长,最长三个小时,时间太长,中间空闲,很容易导致现场没人气,不利于下单、催单。

(3)促销内容。

要根据目标顾客的心理、消费习惯及相关的信息确定主要内容,让其对目标顾客具有吸引力、可执行性。

（4）顾客邀约。

不能因为规模小，就减少对顾客邀约的重视度，邀约人数少，活动的效果就很难形成。

（5）现场氛围。

门店要布置与现场相关的促销信息和内容，营造活动的气氛，给顾客视觉上的冲击，让顾客产生购买欲望。

单店团购可以是以品尝美食、红酒和咖啡为噱头，开展顾客聚会，所以活动现场可以准备好美食和水果，让顾客觉得有格调、超值，进而提升产品的档次，减少成交难度。

为了营造宏伟的气氛，可以配音响设备，调节气氛，宣布签单情况，营造疯狂签单的氛围，给顾客营造紧张感，制造从众心理。

六、电话营销

搜集顾客信息的途径分为直接渠道和间接渠道。直接渠道就与顾客直接面对面获得的一手资料，如进店顾客登记、小区扫楼收集、小区摆展收集、样板房收集，以及派发 DM 单等方式获得的顾客资料等。间接渠道，即通过第三方获取的顾客信息，如通过小区物业、异业联盟、商场、家装公司等获得的顾客信息，但这些信息质量良莠不齐。

无论是直接渠道还是间接渠道获得的顾客，都需要通过电话沟通，只是沟通的策略、方式、话术有所不同。特别是在一次大型活动时，前期的蓄水就更需要通过电话营销的方式把尽可能多的潜在顾客吸引到场，通过优惠等由头力促成交。电话营销是必不可少的，只是它不是一个单独的存在，往往是配合一场活动而集中进行的。本节主要是介绍配合促销活动而进行的电话营销。

很多人觉得电话营销没有作用，但竞争对手都在做，自己放弃不就等于拱手让人？其实电话营销本身就是概率事件，电话量必须达到一定的量，效果才能好。按照3%的成交率、客单值1万元来计算，1万个电话就是300万元的业绩，等于1个电话300元！

1. 电话营销步骤

（1）顾客信息收集。

顾客信息来源有如下几种：

- 通过小区物业购买楼盘资料信息。
- 品牌联盟商户置换或购买。
- 卖场成交顾客资源。
- 家装渠道顾客信息。
- 门店自身老顾客、未成交顾客信息。
- 小区扫楼顾客信息。
- 老顾客介绍信息。
- 终端拦截、DM单派发获得的顾客信息。
- 其他团购、展销会、网购、夜宴、广告宣传、职业群体等获得的信息。

（2）团队组建及培训。

电话营销团队一般是自己员工组成的，由导购或业务人员兼任；活动需要、信息量多时可选择临促组成。要求团队人员声音甜美、责任心强、性格外向；吃苦耐劳，有竞争精神，不服输；善于与人交流，有较强的企图心。

开始电话营销之前，制定好相应的工作规范、奖励标准。

做好培训工作，培训本次电话的目的、表格填写规范、顾客的分类及标准、沟通话术及应对技巧，以及心态培训等。

（3）信息分类。

一手信息原则上由第一次接待者直接联系。二手信息根据信息的质量度来划分，质量度高者分配公司员工、沟通能力强者联系；质量度低者分配临促人员、来公司时间短者、沟通能力较弱者联系。

（4）电话沟通执行。

整理好顾客电话信息，每人选择一个安静舒适的房间，进行电话沟通。

电话时间选择上班时间 9：30 和 20：00 之前，根据当地习惯，避开午饭、午休时间即可。

按照陌生电话和回访电话，分别对应话术标准，每人每天一般要求 150～200 个电话，然后对顾客进行分类记录：

- A 类为有需求且明确见面时间。
- B 类为有需求但是不确定时间。
- C 类为可能有装修需求，但现在不考虑装修；或电话未接听、无法接通、关机、未接听即挂断，此类型还需要选择时间再次电话确认类别。
- D 类为明确无需求、电话停机、空号、号码错误、接听中间挂断或态度恶劣等。

在当天工作结束后须整理好意向顾客电话记录，归好档并录入电子表格，每天进行成果统计。对于需要补发信息的顾客进行信息补发。

（5）潜在顾客接洽。

每天夕会时，将答应到店的精准顾客信息整理好，交于店面组准备好接待工作。将需要上门拜访的小区精准顾客，交于小区推广人员。

2. 电话邀约策略

电话营销注意事项：

- 礼貌的开头语，如"您好"。
- 语气兴奋，声调上扬，保持轻松、亲切、自然的口吻，使用不同的语调和肢体动作，可以使谈话如行云流水。
- 提炼好话术，塑造品牌价值、促销最核心价值，一般包括"品牌地位＋品牌顾客认同＋利益诱导＋稀缺＋火爆程度＋截止时间"，简明扼要地陈述给顾客，准备好 10 秒、30 秒版本，电话沟通时一气呵成。
- 沟通时间能短不长，沟通内容能少不多。

- 不出现负面或否定对方的话语，如您弄错了、您好像没明白、我们从没、我们公司规定、我们不可能……
- 电话营销时，不要做与工作无关的事情，如嚼口香糖、和同事讲话等。
- 要保持微笑、赞美和鼓励顾客。
- 尽量获得对方肯定的响应。
- 一手听电话一手记录。
- 对方态度不好时，即使挂断电话，也不要说对方坏话，不要影响自己的情绪。
- 复述来电要点，不要先挂电话。
- 礼貌的结束语。
- 对于有需求和未装修的顾客，在电话后1小时内加微信，或进行短信追踪，简要说明自己身份、活动内容，邀约见面或保持联系。

首次电话邀约话术参考如表4-3所示。

表4-3 首次电话邀约话术参考

步骤	电话话术	顾客回应
确定身份	喂，您好，请问是×先生/小姐吗	是的，你是
自我介绍 探寻需求	您好×先生/小姐，我是的××品牌的VIP客服 我这次打电话给您，主要是想告诉您一个好消息，我们××品牌有一个大型的促销活动，现在买最划算了，请问您家里最近需要装修吗	哦，××品牌，什么品牌，没听过 哦，不用，我已经装修了（D类） 哦，现在还没有计划装修（C类）
品牌介绍	××品牌是全国知名的高端品牌，…… （简明扼要介绍能引起顾客良好印象的话语，如知名案例、代言人、广告投放、获奖荣誉等）	有什么优惠吗
优惠介绍	我们这次促销活动是工厂直供的，优惠力度很大，全年最低价	

续表

步骤	电话话术	顾客回应
进店邀约	请问您什么时候过来详细了解一下 如果这个周末进店看,工厂还有额外的一份礼品赠送	好的,我到时过来看一下(A类) 这个周末,我没空
确定时间	哦,没关系,看您这几天什么时候有空,我们也可以上门来为您量下尺寸,把产品资料给您送过去,顺便给您带份工厂送的小礼品 请问您这几天什么时候方便呢	后天下午吧(A类) 这几天都比较忙,到时有空再说吧(B类)
初筛完毕表示感谢	×先生/小姐,非常感谢您,到时见,祝您生活愉快 哦,没关系,等您有空的时候,我们再约时间。祝您生活愉快,再见	好的,再见

3. 场景应对话术

(1)忙。

太不好意思了,您这么忙还打扰您,但我真的很希望告诉您这个非常好的消息。

(对方态度有所转变)简单跟您介绍一下,我们品牌……(简明扼要),这次活动力度之大,绝无仅有。

(对方不耐烦)要不这样吧,我加下您的微信,手机号是您微信吧?我把相关内容发给您,您满意我们再联系,祝您工作愉快!(如加不了微信,可以发短信介绍。)

(2)再次强调忙。

那好,看明天什么时候我再打给您。

(3)没时间。

像您这样的成功人士都会很忙,也正是这样才符合我们××品牌的标准,所以可以派专人把相关资料给您送过去,您看您什么时候比较方便?

(还是没时间)您如果放弃这个机会,真是太可惜了!这样的优惠活动我们从来没有过，如果您没有时间，您家人在也可以的。

（4）家人也没空。

那太可惜了，如果您后期时间有调整，哪天方便了再联系这个电话就行了。谢谢您，祝您生活愉快！

（5）出差。

出差在外辛苦了！您大概什么时候回来呢？是这样的……（介绍活动）

（如果告诉时间）好的，待会我加下您的微信，是这个手机号吧？我再联系您！

（如果不确定时间）这样啊，机会真的很难得，您家人在吗？她的电话是？

（6）你们怎么会有我的信息，怎么知道我家里要装修的？

您好，这都是朋友推荐的/进小区收集到的，就是想告诉一个好消息，是这样的……所以很高兴能邀请您参加我们的活动，您看我还是给您做登记，为您预留一个名额吧。

如果对方还一直纠缠这个问题，就结束电话：您不需要装修是吧？不好意思，打扰了！祝您生活愉快，再见！

（7）打几折？

这次活动，都是历史最低价，肯定是您平时在门店里拿不到的低价折扣，质量和服务100%保证，您尽可以放心。

（8）不需要。

没关系的，如果有朋友装修也可以推荐给他们，因为我们品牌……这次活动力度之大，绝无仅有。凡是到店的顾客，我们会专门准备一份精美礼品相送。祝您生活愉快！

（9）自己有空会过来看的。

这次是公司总部的一场超级团购会，全部是工厂最低价，由于人数会很多，场地有限，实行总数控制，都是要提前预约登记才能入场的。您如果放弃，就将您的权限转给其他人了。您看我为您预留一个名额吧？

（10）还没开始装修。

我们这里是可以预先订货的，到时候再根据您的需要送货上门，这次活动价格最低，力度最大，今年也就这一次，还是希望您不要错过。我为您预留一个名额吧？

（11）电话打重复。

那不好意思再次打扰到您了，看来您是我们这边的贵宾，很有缘，几份名单上都有您，那您到时候会过来参加我们的活动的吧？

（12）顾客与你闲聊。

相信您也很忙，在此就不多打扰您了，祝您生活愉快，再见！

（13）开车。

不好意思，那我稍后再跟您联系，祝您一路平安！

（14）今天已经接到很多这种电话了。

这说明您对很多人都很重要，不只是我们的 VIP 顾客了，我简单给您介绍一下我们的活动内容吧……

（15）价格真的是最便宜的吗？

当然是的，这次活动是总部直接操盘举办的，所有产品都是以出厂价提供，为保证成功，活动力度真的很大。这样，我给您做个登记吧。

（16）降价的话，质量能有所保证吗？

当然有保证，这次活动并不是打折促销，而是由总部以出厂价提供产品，厂家把利润让出来，所以价格优惠，质量和服务是100%保证的。

（17）你的价格是不是调整了之后再降下来的呢？

这个您绝对放心，我们是大品牌，是不会做这种欺骗行为的，而且这次是公司总部的活动，直接就是工厂底价，而且质量和服务是100%保证的。

（18）我跟你联系。

好的，手机号是您的微信号吗？我加下您，请您通过下，我把活动的相关信息发您！

（19）又是推销的/你不要再打电话了。

如有打扰到您，我这里感到非常抱歉！同时，今天给您带来的也是绝对的好消息。

也可补发一个短信：×先生/小姐，不好意思打扰您了，我是××品牌的××，祝您生活愉快！

（20）在开会。

不好意思，打扰了，我稍后再跟您联系（记录好开会具体时间）。

（21）太远了，不划算。

这次是总部的第一场活动，优惠力度是史无前例的，这样实在的优惠直接就帮你节省了车辆的费用。还有很多抽奖，所以还是非常划算的。

（22）包接送吗？

包接送，这个也要根据实际情况，要是能多一些人就更方便了，方便说一下您的详细地址吗，我们会提前或活动当天再联系您。

（23）顾客不礼貌。

不好意思，打扰您了，祝您生活愉快！再见！

（24）一听就挂电话了。

补发一个短信：×先生/小姐，我们××品牌……（简明扼要），打电话只是想告诉您我们有一场促销活动，史无前例，（告诉如何稀缺）。不好意思打扰您了，祝您生活愉快！

如果对方回短信或者打电话过来想了解活动，再给对方详细介绍。

七、终端拦截

现在市场客流量越来越少，终端把有限的客流拦截到自己的门店的方式，称为终端拦截。有的通过活动、有的通过宣传、有的通过提升形象、有的通过人员等方式，本节主要介绍通过人员的方式进行终端拦截。

1. 门店拦截

通过门店的装扮和导购的引导，在顾客经过时，原意停留、进店，并进行沟通，称为门店拦截。从这里可以看出，门店拦截首先需要门店本身具有吸引力，能对路过的顾客释放"某种信号"，从而吸引其进店。

这是什么样的信号呢？"门店品牌高大上""品牌值得信赖""正在搞促销活动""性价比高""门店与竞品有所不同"等。如何能够实现呢？这就需要门店的品牌宣传吸引、品牌物料的吸引、可视店面布局的吸引、促销活动的吸引、门店陈列礼品的吸引等。通过门店外的布局，给顾客传递上述信息，让顾客感到眼前一亮、与众不同。

上述属于静态的部分，还有动态的部分，那就是导购。导购需要有合适的站位，能够很"自然"地上前迎接顾客，实施拦截。

- 站位适当在自家门店外一点，选择合适的位置，能够看到整个通道，以便了解顾客进店前后去了哪些店、品类、品牌档次、逗留时间及离开门店的表情。
- 有顾客前来，不要直接上前迎头挡住顾客的去路，应该是弧线迎上去，动作优雅，让顾客顺着手势进店，按照前述门店迎接顾客策略，说"我们最近在做活动""我们最近上了一些新品""累了吧，进来喝杯水"。
- 导购要精神饱满、热情、亲切，同时表现出充分的自信，给顾客感觉不进来就错失了好机会似的。门店拦截要点：服装、发型、销售工具包等形象统一更佳，整体看起来比较有气势，而且显得很专业。

2. 商场拦截

门店人员离开自己的门店，游走在建材商场内，通过认真地观察、合适的话语来实施拦截，引导顾客到自己的门店。

商场拦截目的是引导顾客到自己的门店，关键是要给顾客足够的"理由"。在策略和话术上，终端拦截与电话营销类似，只不过电话邀约是陌生的声音，说不好顾客就挂断电话；而商场拦截是陌生的面孔，沟通不畅顾客会转头不理。但商场拦截要比电话营销有效得多，来的顾客需求都比较真实，而且面对面的沟通，比电话沟通的影响力要大得多。商场拦截一般要和促销活动结合起来，否则拦截的"理由"就不足。综合的话术要点和电话营销类似，"品牌地位＋顾客利益点＋活动稀缺＋火爆程度"，让顾客感觉到这确实是针对他们的难以错过的好机会，而不是让顾客觉得像大街上随便拉人的街头小贩。

商场拦截的第一目的就是引导到店，评估商场拦截的标准就是到店率。如果顾客反复以"时间紧、暂无购买计划、回头看看"等理由而回绝时，退而求其次发放给顾客活动单页、寻求联系电话、加微信等，并告之"失去这次机会确实可惜"，何况"到店看看又不耽误什么时间，还有小礼品赠送"。

拦截人员要有良好的心理状态，不但要承担拒绝的释然，还要有"眼观六路、耳听八方"的技巧，不是人人都能胜任的。什么人员合适？拦截人员要求性格开朗、主动性强、服务意识强、喜动不喜静、表达能力强等。

3. 场外拦截

场外拦截是指在商场门口或商场外进行的顾客拦截，与商场拦截所不同的不仅仅是拦截位置的不同，拦截的目的也不同。商场拦截主要目的是带顾客到门店，而场外拦截的目的主要是预售卡或品牌宣传，让其"主动"到门店。因为顾客刚进商场，还没有进行一些选择，就直接带其到自己的门店是比较难以实现的。

场外拦截的话术和商场拦截类似，要突出"品牌地位＋顾客利益点＋活动稀缺＋火爆程度＋截止时间"，同时告之自己的门店所在位置，以及今天到达那里会有礼品赠送等。向顾客发放活动单页、销售预售卡，顾客有些意向时，索取顾客电话或加顾客微信。或者为了取得顾客的信任，也可以说是与该商场联合进行的活动宣传，只是要提前和商场打好招呼。

拦截人员在人手不够时，可以选择招聘临促，要求仪容端庄、有亲和力、声音洪亮、口齿伶俐。要求拦截人员具有主动出击、不折不挠的精神，提前进行好临促的礼仪、话术、沟通要点培训及拦截动作指导等。

八、微信推广

导购如何用微信进行营销？

我们的生活已经离不开微信，对于家居建材的导购来说，客流量平时并不多，时间还是比较充裕的，如何利用好微信影响顾客，扩大销售战果呢？

1. 微信名

对于一个不是把家居建材销售作为"打酱油"的人来说，微信名就要相对正式一些，不要给自己取一些艺名，"刁蛮女王""聆听世界""心语""城府""心平"……都不是作为销售人员的取名方式。虽然这些名称能够表达自己某方面的个性、心境或者追求，但有什么用呢？微信是一个熟人圈子，即使没有见过面，互相加好友，也是通过群、二维码、手机号、QQ 等方式，不是陌生搜索到的。所以，这些自己喜欢、别人陌生的名字，只有两个结果：被对方通过"备注"改名；或者被对方忽视（除了特别亲密的人），谁愿意和一个不知道对方是谁的人多交流呢？

那么应该如何取微信名呢？应该包含两种信息：自己姓名＋服务品牌。自己姓名，如果不全部实名也可以，单独用姓或名都可以，如"小张""梅子"，但这些要是对方可以直接喊你的方式。服务品牌放在姓名前后都无所谓，微信名要干净利索，不要用过多的图形符号。有人还喜欢在微信名后备注上电话，这个就无所谓了，一般很少有人打电话，不熟悉的顾客也不会贸然打电话，肯定也是在微信上打招呼。

经销商也可以购买几个电话号，多申请几个微信号，分别给不同的导购，规范微信名。如果员工离职，其微信号还继续留在经销商这里，这样也能保证相关的顾客信息不会中断。

2. 头像

三种头像可以使用，自己销售的品牌、风景画，或者认为还拿得出手的自己的照片。自己家孩子再漂亮，自己再喜欢，也不要做头像，孩子自己看是个宝，对于顾客来说，没有太大意义。还有一些负能量的照片、自己喜欢的影星、电影中的某个角色等也不能作为头像，没办法，要树立自己的形象。

头像最好不要变来变去，好不容易给某个顾客留下了一点印象，可能因为头像的更换让顾客不知道你是谁了，头像也是先入为主的，第一次顾客看到的是什么样子，以后留下的印象就较为深刻。

3. 顾客备注及分类

加顾客微信后，要及时对该顾客进行备注，备注尽量用简洁词语，以防名称太长。如万科小区张女士是 2017 年 12 月 2 日在门店认识的，可备注为"171202 张女士"，在"描述"栏可再补充其他信息，"见面地点＋小区＋意向产品＋职业＋是否成交＋其他"的方式，后面的信息如有就补充上，如"门店，万科小区未成交"。如此备注和描述，就会发现顾客在通讯录里按时间顺序排得很整齐。由于信息全，很容易知道顾客的状况，以后跟顾客沟通也顺利多了。

有时朋友圈会发布一些促销活动信息，又担心刚成交的顾客看到促销价格便宜反悔，而不想让这些顾客看到，可以对特殊顾客设置不同的标签，在发朋友圈时选择"谁可以看"进行屏蔽就可以了。为了便于顾客管理，对成交和未成交顾客等设置不同的标签进行分类管理也是很好的。

4. 朋友圈内容

作为一个销售人员，朋友圈发什么至关重要，不能完全随自己的喜好，朋友圈也需要包装。朋友圈需要发什么呢？

团队训练信息、服务顾客信息、活动促销信息、励志故事、身边喜闻乐见的事、生活感悟，这些事情发生在工作和生活周边，勾画出一个上进、阳光、拼搏的画面，让他人感觉到自己是活生生的，而不是只拘泥于某一方面。这样更真实，更容易拉近与顾客的距离。内容可以娱乐性一点，甚至适度卖萌。

运用时下的新闻、比较幽默的段子、有创意的内容等和品牌结合，是比较好的品牌宣传方式，让品牌宣传也不再充满生机。比如七夕节，有人发"憋屈了一天，实在找不到人表白了，我爱你祖国"。于是就有人发，"憋屈了一天，实在找不到人表白了，我爱你皇派门窗"。

利用节日，植入品牌，送些节日祝福的话语，这也是比较受欢迎的方式，不要把品牌宣传做得很生硬。还有把品牌文字做成表情包，如"××为你点赞"等。

但在朋友圈，有些信息是要注意的，比如负面信息、谣传信息、低俗信息等是不能发的。如果多是这儿车祸、那里假产品，会给别人留不不好的印象。关于晒娃、晒吃的、晒自己的，偶尔为之还可以，频繁了就令人反感了。

每条发放的图片不宜过多，特别是一些相似的、差异不多的图片，就发一张就可以；模糊的图片能不发就不发。朋友圈不是自己回忆用的，也不是自己的图片库，别忘了，它是让别人看的。

朋友圈每天发送的频率，不要过多，一般以三条以下为宜。想利用朋友圈刷别人屏的，很快就会得到一个结果，那就是别人勾选"不看他/她的朋友圈"。

5. 节日、活动推送

为了在顾客心中刷存在感，一般在节日或特殊天气等，给对方发送一些节日祝福和关怀提醒；有活动时，也可以针对近期装修还没有下单的顾客推送促销信息。要适当注意，不要发满屏文字＋各种图标的内容，特别是复制过来的最好不用。一个顾客收到内容相同的祝福就没什么感觉了。内容最好原创，或者是公司统一制作的植入品牌宣传的图片。

如果是纯文字的，再向对方推送时，一定不要群发式的，每条加上对方的称呼，一对一的发，让对方感受到尊重，一份真诚才能换来一分收获。

6. 顾客朋友圈

为了在潜在顾客面前保持存在感，消息的推送又不能过于频繁，朋友圈点赞是一种比较好的方式。但要注意点赞要适度，不能不加选择的"逢动态必赞"，成了超级点赞手。如让对方感觉到自己是"习惯性点赞"，那就失去了"赞"的意义，可能会适得其反。如果碰到不适合点赞的内容，那就更"赞"不得了。

"微信运动"是另外一个可以互动点赞的地方，对于超过1万步或接近1万步的，及时给予一个赞，也是一种对别人热爱运动的精神鼓励。对于步数五六千及以下的，就不要点赞了，这样收到赞的人心里也怪怪的，是习惯点赞还是挖苦呢？

如果碰到顾客有价值的朋友圈信息或者顾客求转发的，或者投票支持某某，如果内容无伤大雅，可以帮助顾客转发或投票支持。如果觉得转发内容不妥，而对方还希望转发的，可以在发布时，从"谁可以看"中选择只有他能看到。

7. 微信群

微信群现在越来越多，活跃度越来越低，我们不想看得越来越多。对于有价值的群，天天关注和交流，也没有那么多的时间和精力。有什么办法保持一定的活跃度和存在感呢？那就是早上的问候。文字不用太多，也不要鸡汤式的，是自己写得更好，用图片或动态图也可以。如果间断用含自己品牌的问候图片，那就更好了。

如果对新入群者，及时@问好，是很好的方式。刚进入群者感觉很陌生，如有人主动问好，那一定会让新来者心里暖洋洋的。

对于一些负能量多的群，或者全是广告无人管理的群，及时退出为佳。因为这个群对自己没有任何意义，还可能因为"近墨者黑"而影响自己的行为。

在群里不能遇到红包就抢，别人每发一次红包都有他的目的，如果能够帮助就可以领，否则就不要领了，为了一点钱不值得。如果自己发红包就大度点，保证平均几元，不能让别人感觉到"还不够流量费"，那就"偷鸡不成蚀把米"了。

第五章 服务力

家居建材产品不同于快消品，最大的特点就是只有在消费者有装修需求时，才去了解相关的产品和品牌。当装修结束后，往往就不再关注了，这是一个低频的消费。于是就有"顾客很多年才购买一次产品，后续服务不重要"的思想。这种想法对吗？

从一份针对家居建材行业顾客购买因素调查发现，"邻居或亲朋好友推荐"在消费者购买因素中居首位。这给我们的启示是什么呢？已购买的顾客虽然可能在几年内不会购买，但其对需要装修的邻居和亲朋好友影响很大，所以对已成交顾客的持续沟通和关注极其重要。

顾客凭什么会向其他人推荐呢？一定是对产品满意、对服务满意，乃至超出其期望。在互联网化的今天，服务更加重要，口碑不仅仅在熟悉的人群传播，还对陌生顾客购买产品也起到参考作用。

对顾客的服务包括产品售前服务、产品售后服务、客情维护等方面。在这三个阶段，服务目的是不同的：售前服务是为了获得订单，售后服务是为了深化信任、建立口碑，客情维护是为了获得推荐。

一、产品售前服务

产品售前服务，首要的基础工作是顾客信息的收集和建立。

1. 顾客建档

来店暂时未成交的顾客，也可能是潜在的顾客，争取能够留其信息，可以在日后有活动时进行告知。部分顾客提防心理较强，有时不愿意留信息，导购可以说有活动时告知或者进行团购时通知等，不会有其他的信息泄露或日常打扰。同时，也可以用很多已经填好的顾客信息来暗示，降低其警惕性。

对于即将成交的顾客，要建立《顾客档案信息表》，便于以后提供服务。

成交后的顾客，再专门进一步完善顾客信息，并单独列出来。这时顾客档案内容需要有顾客的姓名、性别、年龄、生日、电话、性格爱好、家庭情况、职业、收入情况、成交产品、装修地址、房屋面积、户型、竣工时间等。

顾客信息来源，包括来店、顾客介绍、设计师介绍、小区推广、活动推广等；后续沟通方式包括短信、微信、电话、见面沟通等。

> 三棵树重庆某县经销商经验谈：追踪顾客购买——小区业主服务卡。
>
> 该经销商建立了三棵树××小区业主服务卡，里面记载着数年来使用过三棵树产品的所有业主的详细信息，这是同业主洽谈最给力的武器。他们在小区推广后，通过前期的品牌宣传和沟通，在与顾客建立了一定的品牌认知之后，就把顾客带到店里。在现场给他们介绍产品、性能、服务时，寻找合适的机会，把这个业主服务卡作为"亲切例证"。
>
> 详细给顾客介绍各个小区已使用过三棵树的业主。通过介绍，顾客很可能就找到了自己认识的同小区业主，或者亲戚朋友，这样就成了"亲切例证"，使顾客有亲切感和认同感，就比较容易促进成交。其实这就是一个强化消费者认同、满足其"求保障"的过程。

同时，他们有良好的售后服务，比如施工期间经常电话询问满意度，待他们乔迁时也适当地送一些贺礼等，维护了良好的品牌口碑。

该老板的体会是：现在的营销越来越残酷，已经必须要开始关注每个消费者了。终端是最好的面对消费者的场所，也只有通过消费者的关注，建立与会员等形式或沟通，才可能与网络冲击进行对抗。作为中国人的习惯，与其网络的"虚假亲近"还是没有实体店的顾客微笑服务来的真实。

2. 店内服务

良好的店内服务是服务力打造的最前端，需要从眼、耳、鼻、舌、身、意满足顾客。

眼睛：看的环境格调高，动线优美；导购亲切、颜值高；形象礼仪规范，平等、热情、诚信、微笑待顾客。

耳朵：听到的声音悦耳，店内可播放舒缓的音乐。

鼻子：店内无异味，可撒一些香水或空气清新剂，但不要过浓。

舌头：赠送饮料、小吃，提供清洁卫生的多种选择：饮用水、瓶装水、茶、咖啡、饮料服务。

身体：提供优质舒适的休息设备，沙发舒适；洽谈环境相对封闭，不给顾客造成局促感等；给小孩提供短时间护理服务及相关服务设施（如设置高度适宜的秋千）；力所能及地提供其他服务，如卫生间指引（最好带引）、某品类或品牌指引（最好带引）等。

意念：耐心、专业、生动、真实解答，令其心满意足；不恶意攻击竞争对手，更不指名道姓；提供免费的wifi服务；提供来店登记或加微信有礼服务，满足顾客的"贪"。

3. 样板间参观

做好样板间，积极引荐顾客到样板间参观，感受真实的产品使用场景，更加有效地促进成交。

样板间参观流程为：确认顾客所在小区→查看附近或该小区样板→发出邀请参观→联系样板房顾客→确定参观样板房时间→参观前 2 小时提醒顾客及样板房客→提前到与老顾客交流→顾客达到（如顾客超过约定时间，告之自己一直在等他）→介绍设计理念和装修特色→老顾客多在新顾客面前美言→沟通上门测量或方案事宜。

样板参观把握原则：

- 宁可我等顾客，不可顾客等我。
- 如果顾客违约未到，务必告诉他，自己和老顾客一直在等他，让他欠个人情，并确认下次何时方便，要确认具体时间。
- 务必携带测量工具，争取同时把测量任务完成。

4. 测量服务

上门测量，也是有些家居建材品类成交的必备服务项目，主要流程如下：

- 测量登记：需要测量的顾客进行填表登记。
- 测量任务分配：当天工作结束，把需要测量的顾客进行汇总，按照路线、约定时间、紧急程度等进行任务分配。
- 出发前准备：着公司统一服装、佩戴工牌，备测量工具箱，检查好车辆（最好带有公司品牌形象标志）。
- 测量前确认：出发前，再次电话确认，以防扑空。如果和约定时间差异 30 分钟以上，应告知顾客；如果顾客临时更改测量时间，需要保持好心态，重新和顾客预约时间。
- 进门前盘整：停车符合小区规定，整理好形象，检查确认工具箱完整，回顾需要测量的内容。
- 进门观察：了解周边环境，了解顾客的户型、装修进度、其他品类品牌。
- 进门顾客沟通：打招呼，确认计划测量内容。

- 测量与记录：把测量位置、结果进行准确记录，必要时图形示意、拍照。
- 测量完离开：检查测量内容是否完整，检查工具是否收纳完整，告之顾客方案预计完成时间，询问顾客其他个性需求，与顾客及其他在场人员告别。

二、产品售后服务

产品售后服务，是对产品销售的延续，是兑现销售承诺、解除顾客后顾之忧的过程，也是获得信任、树立口碑的条件。

1. 提升售后重视度

对产品的售后服务，务必非常重视，现在很多企业只知道其重要性，但在执行遇到具体事情时，往往会走样，产生顾客抱怨。其原因有三：

- 负责销售的是导购，有销量提成的；而售后是没有提成的，具体执行人员无标准、无考核、无激励，很难保证不出差错。
- 销售是收入的增加，而售后往往意味着成本的支出，对成本支出的心态往往就是能省就省，没有考虑顾客的感受。
- 店面负责人精力也多集中在前端销售，对售后的重视度不够，不愿意面对"麻烦事件"，遇到问题，习惯把责任推到顾客身上。

这是非常不对的！很多人都知道一个满意的顾客会带来8笔潜在的生

意，一个不满意的顾客则可能影响 25 个人的购买意愿。这不仅仅是统计上的数据，实际上也确实如此，只是影响到了哪些顾客我们自己是没有办法统计的，只有通过顾客调查才能得知。

应该对售后服务保持什么样的态度呢？

首先，是服务的及时性，重视顾客的感受。遇到问题，快速反应非常重要，即使顾客不着急，也需要及时的给予沟通确认。这是一个顾客感受的"态度"问题，顾客心里有杆秤。企业产品出现问题，就必须小心呵护顾客的感受，既然要去面对，为什么不早解决呢？

其次，建立一套售后标准，有章可依。这些售后的标准，做到易执行、可量化，把控好关键节点，事后有反馈。最好有品牌厂家统一要求执行，如果厂家没有提供售后标准，门店自身也应该建立类似的标准。

最后，对售后要进行动态考核。售后不能直接增加收入，考核不能与销量挂钩，可以由顾客反馈、顾客满意度调查为基础，进行售后的奖金发放。顾客满意度低的，要进行相应的奖金扣除。当然也有一些顾客确实蛮不讲理的，这样可通过设立委屈奖来进行这些人的"心理安慰"。

2. 产品施工

完美的产品安装、施工是售后服务的必选项，一定要注意流程和注意事项，通过产品施工，让顾客体验品牌的差异。

- 施工预约登记：产品运抵后，与顾客沟通，计划产品的施工预约，将约定时间进行登记。
- 施工分配：当天工作结束，把需要施工的顾客进行汇总，按照路线、约定时间、紧急程度等进行任务分配。
- 提前一天确认：对于第二天需要施工的顾客进行电话或微信联系确认。
- 出发前准备：着施工工装、佩戴工牌，注重仪容仪表。备施工工具箱，检查好车辆、与仓储物流联系确保按时到达。
- 施工前确认：在物流或施工到达前 2 小时，与顾客再次进行电话确认，确保顾客家里有人在。

- 进门前盘整：停车符合小区规定，整理好形象，检查确认工具箱完整，确认产品达到，明确需要施工内容。
- 进门顾客沟通：打招呼，确认计划施工内容。如顾客不在，和在场人员打招呼即可。
- 施工：施工严格按照工序，产品堆放不妨碍其他装修、不妨碍通行，位置要求：堆放区－组装区－施工区。施工时，将注意事项明确标示，对容易触碰的区域设置保护。在顾客中间查看施工进度时，给其专业之感。
- 施工完成后，产品旁设置保护警示卡，告之如何日常保护、阶段保养。如还有其他产品需要继续装修，需要对产品实施外部保护，防止灰尘、磕碰等。
- 施工验收：施工完成后，邀请顾客亲自验收，告之产品保养知识，并请顾客在评价表上填写反馈、签名，并一起合影留念。
- 施工完成离开：检查工具是否收纳完整，检查是否告之产品保护和保养注意事项、顾客是否满意、是否填写好施工服务评价表、检查是否拍照等，与顾客及其他在场人员告别。

3. 交付拜访

在安装、施工完成后，可以当天、第二天、顾客全部施工完毕或乔迁新居时，由门店负责人亲自登门拜访，共同检查、交付确认。根据顾客的重要程度，选择是经销商老板、门店店长或者专门督查人员前往。

在交付确认时，需要顾客在场，并合影留念。同时拍摄产品使用场景，收集更多的装修效果素材。最后的交付拜访和拍照非常重要，它是：

- 尊重顾客的表现，是售后服务的开端。
- 朋友圈动态的素材。
- 顾客点赞、产品满意的背书证明。
- 新顾客应用场景展示和推介。

- 新顾客家庭装修设计的素材库。

4. 顾客投诉处理

由于各方面的原因,可能会遇到顾客对产品不满意,而遭遇顾客的投诉。对待顾客投诉,要把握三个原则:

- 反应快速。顾客投诉怕推诿回避,门店反应快,让顾客感觉到受重视、不回避问题的态度。
- 礼貌、友善、耐心。顾客的投诉往往并不是很礼貌地提出来的,听起来好像是故意在挑刺。应保持礼貌、面带微笑、有耐心,这就给顾客传达了一种正面的信息。
- 公平合理。一定要了解顾客不满的真实原因,不回避自身问题,也不能纵容顾客的无理要求,客观分析,公正处理。

对于顾客投诉的目标,最终是顾客满意最大化,但同时自身损失最小化,在两者之间找到最好的平衡。

投诉处理的军规如表 5-1 所示。

表 5-1 投诉处理的军规

人人接待	门店全体员工均有接待投诉顾客并帮助其找到相应责任部门和岗位的职责,不得以"不知道""比较忙"等理由推脱
店长首责	顾客投诉时,店长承担第一责任人角色,负责全面协调解决。每周末、月末必须检查投诉及处理情况
售后主管处理	售后主管为处理顾客投诉的专职人员,其他部门和岗位均有配合其处理投诉的义务
总经理督办	对于重大投诉,总经理应亲自跟踪并督导解决。月末必须检查下属门店投诉及处理情况
责任追究	除产品质量以外的投诉,务必追究相关责任人并处以相应处罚,坚决杜绝"有投诉无责任,有责任无追究,有追究无处罚"的现象
分析总结	售后主管对一般投诉事件应及时记录备档,对重大投诉事件必须进行专项分析总结。月末须对本月投诉事件进行分析、总结、提出相关建议,并报告总经理

售后管理制度：

● 文明礼貌，面对售后投诉顾客，严禁与顾客争执、吵闹，甚至殴打，一经发现，视情节轻重，给予100～500元罚款；

● 售后须严格按照2小时回应、24小时上门的服务承诺执行，如有延迟，每次罚款100元；如有特殊情况，需有总经理批准。

● 售后上门务必做到：

－着公司统一服装、携带公司统一工具箱。

－文明礼貌，禁止向顾客吃喝拿要。

－自觉礼貌地接受顾客的验收和服务评价。

－高危作业时，必须实施安全措施。

－安装过程中和安装后，注意实施产品保护措施。

－因售后维修不当导致的破损，损失由安装人员承担。

三、客情维护

顾客对于家装建材类产品的选购,由于装修资金投入较大,购买决策慎重,口碑推荐是极具说服力的品牌树立渠道,在与顾客的互动过程中,打造走心的品牌服务体验,积累顾客口碑尤为重要。

售后服务是对已销售产品的"必选项",而客情服务则是着眼顾客的口碑建设,通过服务感动顾客,让其开口,帮助品牌宣传,从而形成潜在顾客的销售。在前述导购章节中,已提到仅仅客情服务是不够的,要把"客情"转变成"友情",让顾客感觉到企业不仅仅是关心其购买产品的使用情况,还要对其给予必要的人文关怀,从关心"物"向关心"人"转变,这样给予顾客的心理感受更深,可以形成更好的口碑传播。

1. 顾客回访

所有已经完成交付产品的顾客需在 2 周内进行顾客回访。
一是显示对顾客很关心,企业很规范。

二是从顾客的角度发现一些门店运营中存在的相关问题，以便于有针对性的解决。

三是为了发现顾客的不满，并及时改正，减少投诉。回访做得好，能够将不满意的顾客变得较满意，将比较满意的顾客变得满意，将满意的顾客变得非常满意，从而提高品牌口碑。

对顾客的回访，可从导购服务满意度、送货及时性、安装的效果、安装工服务满意度、产品使用满意度、主要建议、综合打分等方面听取顾客意见，并用心做记录。每月例会上，通报顾客回访的反馈。

2. 服务事项

与顾客服务沟通平台：微信、短信、电话、拜访、联谊等形式。

（1）微信/短信问候。

在节日、顾客生日、特殊事件时，可以用微信群发进行问候；但在重要节日或顾客生日时，一对一包含顾客姓氏的问候更佳。

顾客生日祝福，因容易忘记具体日期，也可用短信群发软件进行，提前把相关参数设置好。

对于购买不多的顾客，在有促销活动时，也可以进行群发告知。对于购买较多的顾客，无需再发，以防产品价格下跌反而给其造成心理阴影。

（2）温居礼品。

在顾客装修好、乔迁新居时，可以发微信、打电话祝贺其喜迁新居；或赠送一些实用礼品，如福字、地垫、餐具、除甲醛活性炭等。

（3）生日礼品。

对于重要顾客，邮寄生日小礼品，只提供1人，为顾客决策人或对接人。

（4）免费保养。

可以在淡季，或在春节前，对全部顾客或优选顾客（如金额大的、推荐新顾客的、周边还有大量的潜在销售机会的）进行免费上门保养。保养完毕与顾客合影留念，发朋友圈；或请顾客也发朋友圈，借机进行口碑宣传。

提供上门免费的保养的,可以是店长、导购、安装团队,也可外包保洁公司。

(5) 新春礼包。

如赠送顾客春联、台历、红包（印上公司品牌）、礼品等,送上门或邮寄。

(6) 微信新春红包。

对优质老顾客春节发红包,6.66 元、8.88 元、11.88 元、18.88 元等,图个吉利。

(7) 赠送 VIP 卡。

老顾客赠送金卡、白金卡或钻石卡,再次购买或转介绍可以享受最终成交价的折上折优惠。

(8) 积分兑换。

顾客消费的金额可以兑换积分,自己选购或推荐的顾客都可以积分,1 元积 1 分,积满一定分数可以兑换礼品。积分设置 3 年内有效。

(9) 主题沙龙。

在闲暇时,可发起举办一些老顾客的沙龙活动,如亲子、棋类、理财、旅游、居家生活等,以增强顾客之间的交流、满足顾客某方面的爱好、提升生活质量等。

……

慕思的客情服务值得很多企业去学习,我们就碰到过一些人愿意拿慕思的服务去分享给他人。

看看网络上慕思顾客的分享:

中午正在迷迷糊糊地睡午觉,一个电话打来,说有包裹到了小区的传达室,让记得去拿。我想了很久,都不记得买了什么,晚上回去一看,原来是慕思 3D 送来的圣诞礼包。

去年买的东西,没想到现在了还送圣诞礼包,真的是非常惊喜,跟 JM 分享一下,看坛子里面的 JM 是不是也收到了。

礼包的构成是：一个新年的台历、一个大浴巾（这个我非常喜欢，很漂亮），还有一个贺卡，以及他们请的代言明星的表演专辑。

对顾客用真诚心，就会换取很好的口碑传播。特别是在社会化媒体兴起的今天，每个人都是媒介的传播者，更值得重视。早期社区、博客的流行，再到微博的应用，如今的微信等，虽然个人媒介的载体不断变化，但最终个人媒介的表达方式越来越方便和快捷，特别是与手机应用结合的微信，更是影响很深。消费者动辄就喜欢拍照与分享，也给大家一些启示：是不是要多做一些能让顾客喜欢拍照和乐于分享的内容呢？

3. 分类维护

老顾客的转介绍是客流量来源的重要构成之一，老顾客已经成为目前低成本精准营销的关注重点。老顾客的推荐一定是建立在较高的顾客满意度基础之上的。

对顾客按照成交额、顾客资源情况、顾客外向度等进行顾客的ABC分类，按照不同的分级给予差异化的后续服务，以期获得更好的口碑和推荐。

构建老顾客信息统计表，包括姓名、电话、地址、购买金额、购买日期、完工日期、接待导购、顾客分类（ABC）等。

按照顾客ABC分类进行差异化的服务，参考如表5-2所示。

服务顾客事项	A级顾客	B级顾客	C级顾客
节日、特殊事件微信问候	长期	长期	长期
顾客生日短信祝福	长期	长期	长期
温居礼品	提供	仅电话祝贺	
顾客生日礼品	2年	1年	
年前免费保养	3年	2年	1年
新春礼包（春联、台历、红包、礼品等）	3年	2年	1年
微信新春红包	3年	2年	

续表

服务顾客事项	A 级顾客	B 级顾客	C 级顾客
赠送 VIP 卡	钻石卡	白金卡	金卡
积分兑换（积分 3 年有效）	兑换提醒	兑换提醒	兑换提醒
主题沙龙（亲子、棋类、理财、旅游、居家生活等）	3 年内	3 年内	3 年内
活动前微信			通知

四、督查体系构建

汽车 4S 店做保养，一般都会被提醒：如果厂家来电咨询保养服务情况，一定要给 10 分满意。如宝马 4S 店每次做保养或维修结束，接待人员会提醒如有总部回访维修保养情况，一定要给 10 分满意，然后 4S 店会赠送一次保养。第二天 4S 店客服会先打电话预演询问一下对服务的结果是否满意，最后再次提醒如果有北京 010 电话请给予 10 分满意，4S 店会赠送一次保养。他们为什么那么看中顾客的评价？肯定是厂家对这些店的顾客满意度有所考核。

对于家居建材顾客来说，也应该有类似的监督体系。门店建立服务跟踪体系，注重顾客满意度，一定会提升顾客口碑，为销量赋能。如果由品牌厂家牵头、制定标准、督导实施，这样效果会更佳。因为专门靠经销商去落实各项服务，有时会比较难，人总是有惰性的，有人鞭策才能更好地落实。

1. 督查内容

督查主要是为了了解售后服务的执行情况，了解服务政策是否落实、服务质量如何、服务态度如何、服务效率如何、顾客满意度如何，以便提升服务质量，提升顾客满意度。

店长、售后服务人员或指定专人，通过现场督查、电话回访、统计分析、PK 考核、评优的方式进行，记录工具包括服务督察表、顾客评价表、售后服务跟踪表、回访记录表等。

督查的内容，根据具体服务规范进行关键事项的检查，如施工服务督查内容可为：

- 是否核对订单，确保施工产品无误。
- 是否按时施工安装。
- 着装、形象是否符合规范。
- 态度是否符合规范。
- 是否遗漏相关工具或物料，影响效率或施工质量。
- 是否按规范的流程和注意事项施工。
- 是否有遗漏环节导致整体或部分返工的问题。
- 是否在施工中导致产品破损。
- 是否在施工中导致顾客其他物品破损。
- 施工后是否做保护措施。
- 顾客在场情况下，施工后是否讲解使用和保养注意事项。
- 顾客在场情况下，是否邀请顾客填写安装服务顾客评价表。
- 施工后是否及时做回访。
- 顾客有无施工安装投诉问题。

售后服务的督查可为：

- 是否按照约定时间上门检查或维修。
- 着装、形象是否符合规范。
- 态度是否符合规范。

- 是否遗漏相关工具或物料，影响工作效率。
- 是否按规范的流程和注意事项维修或保养。
- 是否在维修中导致其他产品或物品受损。
- 顾客在场情况下，维修后是否讲解使用和保养注意事项。
- 维修后是否及时做回访。
- 顾客有无维修的投诉问题。
- 其他约定售后服务事项等。

2. 总部督察

如前所述，如果门店品牌厂家重视服务力的打造，由品牌总部牵头制定标准、督导实施，效果会更好。

- 根据前述可服务事项，建立该品牌的施工、售后、客情维护等标准，一旦确定就须纳入总部督察、考核范围，故服务标准要量力而设定。
- 设法获取顾客信息、畅通顾客反馈渠道。如设立售后服务统一电话，让顾客有意见反馈、投诉的机会；建立顾客投诉平台，便利顾客主动反馈等。
- 建立真正的厂商联合体系，需要经销商的打破小商贩思维，共享消费者数据，不只看到眼前利益，更要关注长期和未来利益。
- 总部督察还需要到各门店的实地抽查拜访，把督察结果与考核挂钩。

第六章

组织力

组织力的打造，就是经销商团队的规范化、公司化运营建设，这是区别于夫妻店管理模式和公司管理模式之间的一种运营诉求。与夫妻店管理模式相比，它的协作性、规范性和稳定性更强；与公司运营相比，它又没有像公司那么的严格规范。

所以，组织力打造只能结合自身情况，适度就好，否则过于要求公司化的标准就不能落地，甚至老板自己最后都坚持不下去。公司化运营，除了老板意志力的问题外，公司化运营的方案本身也是很重要的。要坚持经销商"适度公司化"和"逐步公司化"，不同阶段做不同阶段的事。公司化运营程度和业务规模与发展速度、团队规模与成员素质、业务错误潜在风险等有关。

公司化运营整体上利大于弊，但与夫妻店粗放式管理相比而言，在公司化运营的初期，它极有可能会出现某些效率下降、效果降低和成本增加的问题，这也是转型的阵痛。如果没有这个阵痛的心理准备，公司化运营就不会做好。不过这个阵痛过后，就是更高级别的成长，犹如破茧成蝶。

一、组织设计

一般来说，一个门店最基本的有店长、导购、安装人员等，随着门店数量、销量的增加，组织功能也变得逐渐完善。一般门店的组织架构如图6-1所示。

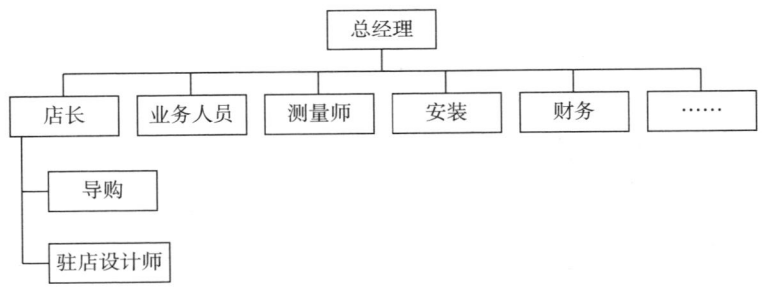

图6-1　一般门店的组织架构

1. 人员编制

一家门店应该配置多少人合适？这里有个按照销量的估算：

门店总人数 = 年销量或预期销量 × 15% ÷ 当地行业年均工资

15%是家居建材行业，总工资所占年度销售额中的概算。具体岗位人员数量参考如表6-1所示。

表6-1　岗位人员数量参考

岗位	说明
总经理	1名，由老板或老板娘担任
门店导购	标配：每店导购2人 豪配（一般用于旗舰店）：2名导购+1名店长+1名驻店设计师 如果门店不止一家，店长和驻店设计师可其他店共用，只是店长、设计师重点蹲点旗舰店
业务团队	标配：每家门店2个组员（其一为组长） 低配：1名业务，或每店选择1名导购轮流跑业务
测量师	标配：日均测量任务÷日均可测量数量（如4~5家） 低配：由业务人员或老板兼任
设计师	标配：日均方案设计任务÷日均可设计量（如5~6家） 低配：由老板或老板娘，导购中懂些设计的兼任

续表

岗位	说明
安装工	标配：日均安装任务基本饱和，一般不得少于 2 人
	低配：外包，任务量非常态增量部分也外包

2. 选聘途径

现在都说合适的人难找，那就不妨多找一些招聘渠道，特别是处于快速上升阶段的老板，遇到合适的人即使多招留做储备也不为过。家居建材行业选聘的途径有：

（1）门店贴告示。

这是大部分门店会采用的方式，守株待兔式的招人，不能说无效，只能说招到的人合适与否全凭运气。

（2）发朋友圈。这种也比较常见，简单易操作；再用些心，内容写得诱惑一些，到本地的一些群里发一发。

现在说人难招的，主要是采用上述两种方式，像姜太公钓鱼一样，愿者上钩，来上门应聘的往往又看不上。想想也是，能力强的人大都是争着要，怎么还能会"沦落"到上门自我推销呢？主动出击，才能找到更满意的人。

（3）到现场去找。

在家居建材商场、家居建材展销会、小区推广现场、装修公司等，看看哪些人表现好，主动询问，摸摸底。挖人最好不要直接挖竞争对手的人，以免结怨，可以跳出同品类，可选择面更大。

（4）利用网络招聘渠道。

可以在 58 同城、赶集网等发布招聘信息，并主动找寻相关人员。

（5）利用社会资源推荐。

建材市场、顾客等都可以择机推荐，还可以进一步扩大到整个装修的上下产业链，如厂家销售、房产、中介、物业、家装等，可以带来更多经验技巧和渠道资源。

（6）跨行选择。

如果想找一些销售能力、耐压力强的，可以从做保险、做直销的人员中选拔；如果想找颜值高的，可以从做化妆品的导购中选择。

如果以上方式都尝试了，还找不到满意的人，那就要看看给对方的待遇是不是太"保守"了。针对有能力的人，是必须要付出高于常人的待遇，这个付出是值得的，换来的收益一定是可观的。招聘就是花钱买经验、花钱买资源、花钱买时间。

3. 人员评估

（1）面试及背景调查。

填写应聘表，如应聘通过，该表即成为员工登记表保留备案，如表6-2所示。在面试前后，对其主要工作阶段进行背景调查，了解其工作、岗位真实性及单位对其本人的评价。

表6-2 员工登记表

姓名		应聘职位		（贴照片）
出生年月		性别		
民族		籍贯		
婚姻状况		户籍所在地		
身份证号				
现居住地				
手机		紧急联系人		联系电话	
学习经历（填工作前三段学习经历）					
起始年月	结束年月	学校名称	专业	学位	所获奖励
工作经历（填本次应聘前三段工作经历）					
起始年月	结束年月	单位名称	所在部门	担任职位	月薪

续表

家庭成员					
姓名	与本人关系	单位	职位	联系电话	现居住城市
个人爱好					
个人特长					
未来一年目标					
未来三年发展目标					

(2) 能力测试。

对于导购及业务人员，不是仅仅听其说，还需要对其应变力、归纳力、辩驳力等能力进行测试，观察其反应，以便进行综合判断。

第一，应变力测试。

应变能力是导购、业务人员比较重要的基础素质，所以在面试过程中，应变能力的测试很重要。如可以让应聘者大声唱一首歌、故意制造不利于其的尴尬局面等，以此可以测试出应聘者的应变能力。

第二，归纳力测试。

归纳力也是导购、业务人员的基础素质要求，这方面的测试更容易。如让其看过一则笑话、故事之后复述一遍，那些绘声绘色复述的应聘者无疑是首选的；而只讲出了大概内容，做了一些重点强调，这种应聘者为次选；而那种连内容都描述不清楚的应聘者肯定是不能要的。

第三，辩驳力测试。

辩驳能力的测试，主要是对其简历上的内容刨根问底，找出其中的水分,并请对方做出合理的解释。

如对方简历上写到"在某地做过导购工作",那么就要问到"在哪个店、做什么产品的导购工作、门店的月整体销售额是多少?产品的价格、卖点等是什么?主要竞争对手有哪些?有哪些竞争压力?"

应聘者的夸大、造假也是人之常情,不是说不能造假,关键是造假后要能自圆其说,这样才说明其具有较好的辩驳力,有可能成为有勇有谋的好销售人员。如果对其造假闪烁其词,不能有完美的解释,说明其思维不够细腻,不可取。

(3)岗前试用。

将一名新员工放在一个竞争激烈的环境中,需要一段时间适应。新员工的适应期一般为半个月到两个月不等。如果不称职,不但浪费了时间,而且下一个新员工也同样需要适应期,这样就对销售工作十分不利。所以,需要对新员工进行岗位试用。

对新员工进行岗位试用时,一般可采取活动小组,如拦截售卡、小区推广等,以派发资料、活动宣传、预约售卡等,进行销售能力、沟通能力的观察和判断。

岗前试用不但能促使新员工快速进入角色,而且能够进一步对其进行考评,以做好选聘的最后一道关口。

4. 入职训练

新进人员基本遵循门店参观、制度讲解、师徒相见、文化培训、产品品牌服务,以及岗位专业知识和技巧的培训和考试,然后见习,每周分析,每月总结。

导购、业务入职后前 2 个月的操作指南如表 6-3 所示。

表 6-3 导购、业务入职后前 2 个月的操作指南

序号	事项
1	所有门店参观

续表

序号	事项
2	管理制度讲解
3	为新人介绍师傅
4	公司文化培训
5	产品、品牌、服务知识、产品画图及导购技巧和话术的培训、考试业务开展方法和技巧的培训、考试
6	测量现场、安装现场参观
7	样板房参观
8	门店见习销售2周左右
9	跟着师傅一起开展小区业务或家装业务2~3天
10	每周根据见习问题进行针对性培训和帮扶
11	新人每月撰写自我成长记录
12	根据表现,决定出徒时间

二、门店运营管理

门店运营流程及主要事项，如图 6-2 所示。

1. 开门检查

开门前注意各出入口门锁检查，看看有无异样。如发现异常注意保护现场，仔细查看店内有无东西缺少。

查看门口情况，保证门口干净无杂物，保持通道通畅。检查产品陈列、柜台及文件、宣传物料等摆放整齐。

分组进行门店清洁，保证店内窗明几净。

2. 晨会管理

店面上班时间应设定为市场或店面正式营业前半小时，并由店长召开全体人员晨会，进行当日工作安排和重点事项的说明。

- 时长：20~30 分钟。

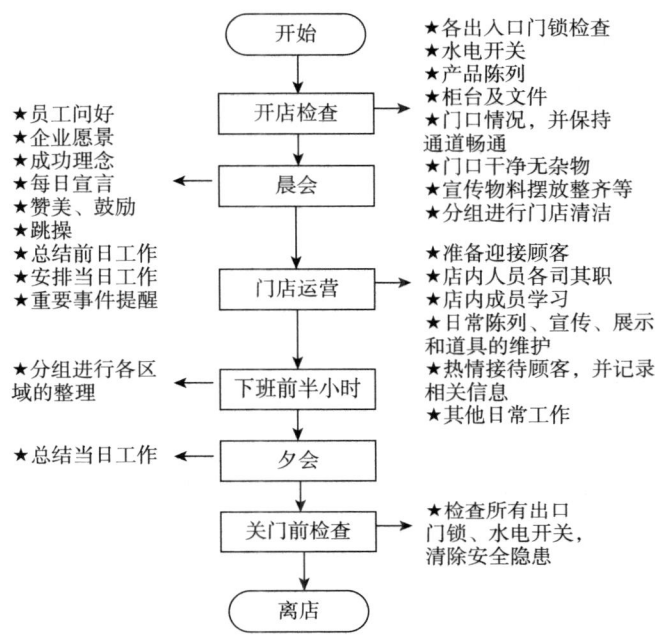

图 6-2　门店运营流程及主要事项

- 主持人：可由导购轮值。
- 参加人员：导购、业务、驻店设计师、客服、其他。
- 晨会内容，参考如表 6-4 所示。

表 6-4　晨会内容

序号	项目	内容	备注
1	点名	考勤依据	
2	晨操	运动操/唱歌	体现企业精神的、激人奋进的歌曲
3	制度宣讲	公司制度、文件传达、促销信息、公司其他重大事项通知等内容	可补充学习建材行业新闻事件等
4	当日安排	对未处理问题即时安排 安排当日工作，明确目标	包括量房、设计方案、施工指导、送货安排、销售任务、顾客邀约等
5	知识抽查	活动内容、政策变动、主卖产品推介等	

续表

序号	项目	内容	备注
6	礼仪训练	站姿、走姿、坐姿等训练	
7	互检/自检	仪容仪表	

3. 夕会管理

- 点名，作为考勤依据。
- 当日总结：当天做了哪些工作，完成情况如何；有哪些需要交流和注意的事项。
- 销售日报：由专人填写《店面销售日报表》，作为一天的记录。

根据情况，夕会也可以取消，采用微信工作群汇报的方式进行。

店面销售日报表如表6-5所示。

表6-5 店面销售日报表

年　月　日

填报人		本月销售目标		已完成	
当日接待顾客人数		当日意向顾客人数		当日签约顾客人数	
今日接待、拜访顾客记录					
（同时注意填写顾客提到的竞品信息、顾客主要的顾虑和想法等，为日后市场决策和为顾客提供更好的服务准备。）					
序号	顾客姓名	单位或住址		联系方式	沟通结果
1					
2					
3					
4					
5					
……					

4. 下班管理

- 店长负责监督款项整理及现金入库。
- 将需持续追踪事项记录于店面工作记录本，以利于第二天或交班人员可持续跟踪。
- 对店面做简单清洁和展品复位。
- 统计消耗品使用数量，并做记录。对需增补项目，若当天无法处理，需记录，第二天上班即处理。
- 将当天单据整理存放至指定位置。
- 关闭电器电源及拉下总电闸（无则免），确保安全无误。
- 店长检查并确认所有门窗关好后锁门。

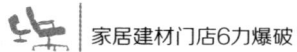

三、工作制度

现在用工越来越严格和规范，店老板也要逐步提升团队管理意识，要建立相应的管理制度，提升运营效率。开始应该建立哪些日常必要的规章制度、工作规范呢？

1. 例会制度

（1）周例会。

每次会议要指定专人进行会议记录，建立会议记录台账，并列入考核。

由店长负责召集在各门店召开，参加人员为全体店面员工；若店长不能参加，由店长指定负责人员召集。

周例会主要是为了表彰先进、团队激励、收集/传递信息、解决问题及培训研讨。不能为了开例会而开会，成了走过场，每次例会一定要有明确的目的。现在企业被各种各样的会议充斥着，很多都是无效的会议，令员工不厌其烦，关键问题就是会议目的性不强。

每周一次，在不要影响工作的前提下，由店长具体安排时间，每次会议一般不得少于 30 分钟，会议主要内容：

- 传达公司有关通知及工作安排。
- 收集店面内部有关信息。
- 安排一周工作，检查、通报上周工作完成情况。
- 点评一周员工的工作表现。
- 对出现的投诉、不协调行为等典型事例进行一事一议。
- 对公司新工艺、新技术、新产品的学习。
- 有关营销知识、技能知识的学习。
- 其他。

（2）每日例会（晨会）。

会议应指定专人进行会议记录，建立会议记录台账，并列入考核。

由店长负责召集在各店面召开，参加人员为全体店面员工；若店长不能参加，由店长指定负责人员召集。主持人可安排轮值。

每天上班后召开，每次会议时间为 20～30 分钟。

（3）会议制度。

会议参加人员须按时参加会议，不许迟到。迟到者发红包 10 元/次。

有事必须提前向会议召集人请假。

会议期间将手机调整到振动档或静音；原则上不许接听电话，如确有必要接听的应走出会场，不得影响会议的正常进行。

主持人须在会议前和相关人员拟定好会议议程等，不能毫无准备地召开例会。越重要的会议，准备应该越充分。

为了某个重要的事项，可以临时研讨和召开专项会议，时间不定。

每次例会须有专人记录会议内容，形成会议纪要。所有例会的会议纪要由会议记录人在例会结束后备案，相关责任人签字，并发到微信工作群内（建议专门建一个发制度、会议纪要、重要通知的群，和日常工作聊天群分开，该群内不闲聊，以便查找重要告知内容）。

参会人员在会上要畅所欲言，各抒己见，允许持有不同观点和保留意见，但会上一旦形成决议，无论个人同意与否，都应认真贯彻执行。

会议事项有跟进，保证会上的事项有落实，对于重大事项，后期可专项沟通跟进。

记住例会的三个公式：开会＋不落实＝零、布置工作＋不检查＝零、抓住不落实的事＋追究不落实的人＝落实。

会议纪要如表 6-6 所示。

表 6-6　会议纪要

时间	年　月　日		议题		
主持人			记录人		
参会人员			缺席人员		
会议内容					
序号	决议事项		完成时间	责任人	责任人签字
1					
2					
3					
4					

2. 考勤制度

（1）打卡考勤：办公室、专卖店应备有考勤设备，专人负责考勤统计，并进行通报。门店考勤一般由店长负责统计、办公室考勤由人事行政负责统计。

（2）迟到：在规定上班时间 5 分钟后到岗，视为迟到。每迟到 1 次，发红包 10 元；连续迟到，第二次、第三次发红包 20 元、30 元。迟到 1 个小时以上者，按旷工（半天）处理。

（3）早退：在规定下班时间前离岗，视为早退。每早退 1 次，发红包 10 元；连续早退，第二次、第三次发红包 20 元、30 元。早退 1 个小时以上者，按旷工（半天）处理。

（4）旷工：不经请假或请假未获批准而擅自不上班者，或请假原因不属实者。请假期限已满，未续假或续假未获批准而逾期不归者。不服从工作安排，未按时到工作岗位工作者。旷工当月无全勤奖，并按照旷工时间×2扣除对应基础工资。当月累计旷工6天，连续旷工3天者，公司有权予以劝退。

（5）加班：经公司批准的，在正常工作时间之外的上班时间，称为加班。在不违反法规的情况下，原则上不设加班工资，但可以调休。

（6）工作时间：结合当地情况制定，由于零售行业工作的特殊性，一般每月休息4天。除行政财务人员外，周末及节假日不可以休息。

（7）请假：所有员工请假，须由本人亲自办理申请手续，经批准后方可休假，否则将视为旷工；除非当天遇到紧急情况，事假原则上必须提前1天申请；特殊情况需先以电话方式请假后及时补办手续。

（8）病假请假，须出示有关医疗证明，若遇突发性疾病须在第一时间，通过电话向上级请假，假后须及时补办假条并出示医疗原始单据（处方单和缴款发票）。

（9）请假期间的待遇，按照国家法律规定执行。丧假、婚假、产假等，按照国家法规执行。

3. 办公管理

（1）所有物品实行"物置其位、动物归原"管理，即首先确定每件物品应该摆放的位置，在移动该物品后，要及时回放到原来的地方。

（2）每个人负责自己办公位的清洁卫生，离开办公室时必须保持自己的办公桌面干净整洁，不能放置任何与办公无关的闲杂物品及文件资料，桌面不能有污染涂画，座椅（凳）归位到桌面之下，否则每次发红包10元。

（3）设置非吸烟区和吸烟区，严禁非吸烟区内吸烟，一经发现，每次罚款100元。

（4）带钥匙的同事负责锁门，锁门前检查门窗关闭情况、水电关闭情况、各种用电设备关闭情况（需保持安全摄像设备正常运行），在确认无人的情况下，关门上锁。

4. 保密制度

所有员工必须严格坚守职业操守、遵守公司保密制度。所有人在入职时，都需在保密规定上签字。以下信息为公司机密信息：

- 财务数据。
- 销售数据。
- 顾客信息。
- 保密期的促销活动方案。
- 各类培训资料、运营手册、指导手册等。
- 薪资制度。
- 其他公司认为需要保密的信息。

未经总经理书面签字，任何人不得复印、打印、拍照、拷贝、外传机密信息，一经发现，记入员工个人诚信档案，发送下一家就职单位；有权解除劳动合同，情节严重者，诉诸法律途径解决。

5. 行为管理规范

（1）上班时间必须着职业装或统一要求的制服，违规一次发红包10元。

（2）举止文明，严禁在工作时间和工作场合聚众斗殴、打牌、赌博，每发现一次，处罚100元，并有权解除劳动合同。

（3）必须保持礼貌待客，严禁以任何理由辱骂顾客、宾客，每发现一次，处罚200元，并有权解除劳动合同。

（4）严禁留文身和奇形怪状的发型，每发现一次，处罚100元，并责令改正；拒不改正者，有权解除劳动合同。

（5）员工不得以暗示、言语、行为或利用职权，对其他员工有不当的威吓胁迫或侵害骚扰。一旦发现，严肃处理，并有权解除劳动合同。

（6）严禁监守自盗或随意处置同事物品，一经发现，严肃处理，有权解除劳动合同；情节严重者，并诉诸法律手段解决。

6. 市场管理制度

（1）严禁飞单，一经发现，按照当月工资双倍标准罚款，并有权立即解除劳动合同。

（2）严禁工作时间，从事与工作无关的事项，一经发现，每次罚款100元。

（3）每次外出，到达目的地后，需在微信工作群里，上传地址和照片。

（4）严禁虚报各种推广费用和公关费用，一经发现，双倍罚款，并有权立即解除劳动合同；情节严重者，移交司法部门处理。

（5）除非事先说明，严禁公车私用，一经发现，加倍赔偿损失。

7. 财务管理制度

（1）现金管理。

- 严格遵守"钱账分管"原则，即管钱不管账，管账不管钱。一方面，除店长助理负责门店货款收取外，非出纳不得经管现金收付业务和现金保管业务；另一方面，出纳不得兼管稽核、会计档案保管和除现金日记账、银行日记账以外的账目登记工作。
- 严格遵守"收支两条线"相关规定。
- 现金开支范围确定如下：
  - 职工奖金、提成，各种劳保、福利费用和国家规定对个人的其他支出。
  - 出差人员借支随身携带的差旅费。
  - 结算起点（如5000元）以下的零星支出（运费除外）。
  - 不属以上现金支付范围的，一律通过银行转账支付。

- 财务部每日库存现金不得超过公司规定的限额（如 5000 元），超额现金必须在每日 16 点前缴存银行。考虑到门店收银的实际情况，每日 16 点以后的现金收入、双休日的收入，由门店店长助理交到出纳处；在二人在场的情况下（包括出纳），由出纳将现金放入保险柜。

- 现金支付手续应遵守如下规定：

－收付现金，必须根据原始凭证办理。做到"先审核、后付款"，对不符合财务制度的凭证、票据，财务部门拒绝支付。

－每笔现金支付，必须由经理审核、总经理批准。否则，出纳不得办理支付手续。若遇总经理无法及时核批的情况，出纳应与总经理进行电话联系，请示总经理同意后方可办理现金支付。事后应及时补办总经理核批手续。

－对已办理完毕的现金收付凭证，出纳应加盖"现金收讫"或"现金付讫"字样，并及时登记现金日记账，做到"日清日结"。

（2）银行存款管理。

- 资金实行"收支两条线"的原则。

- 不得随意开设银行账户，若因业务需要而必须开设私人账户的必须经总经理批准方可执行。银行账户应及时进行清理、销户。

- 公司银行预留印鉴中，法人章、财务专用章分开由不同人员保管，做到相互监督。

- 出纳应每月及时与银行核对余额，出具银行对账单。

（3）对外往来账管理。

- 对顾客发货，必须严格执行"款到发货"的销售信用政策。

- 财务必须建立完善的应收账款明细账、客户资料档案；对与客户发生的每笔经济业务及时登记处理，并确保开票的正确及时。（一般处理程序是开具收据，凭收据做收入）

四、激励考核

激励的目的，就是调动员工的积极性（即乐意干）和责任感（即用心干），以提升工作效率和工作业绩。

激励能激发人的最大潜能，但因人而异，因为每个人的所好不同、所求不同、所欲不同，故有效的激励手段也必将因人而异。正所谓每个人都有自己的激情，只是点燃他们激情的火种不同。

1. 员工需求层级

根据马斯洛需求层级理论，人有五种需求层次，从初级的生理需要、安全需要，到进一步的社交需要、尊重需要，以至最后的自我实现需要。虽然后来又产生了其他的激励理论，但对人们影响最大的，显然是马斯洛的需求层次理论。

员工层级越低，需求层次也越低；随着员工层级的提升，相应的需求层次也在提高。在很多企业里，特别是高层人员的离开，更多的原因就是尊重需要和自我实现的需要没有得到满足而造成的，很多老板还以为是金钱的问题，实在令人叹息。

各需求层次对应的员工激励因素和激励措施概述如表6-7所示。

表6-7 各需求层次对应的员工激励因素和激励措施概述

需求层次	激励因素	激励措施	适用人员
生理需要	食物、住所	工作报酬、物质待遇、工作条件	基层员工
安全需要	安全、保障、稳定	安全的工作条件、稳定的收入	一般员工
社交需要	归属、接纳、友谊	人性化的管理、公司的关怀、同事的友谊	中层员工
尊重需要	认可、地位、关注	工作职称/职位、上级/同事认可；表彰、赋予责任	中高层员工
自我实现需要	成长与发展、发挥自身潜能、实现理想	挑战性的工作、创造性的发挥、事业的成就感；股份开放	高层员工

（1）对于基层员工来说，提供基本的工作报酬和物质待遇即可，满足其基本的生活需要，对其的激励，多是从金钱上考量。

（2）一般员工都希望有个健康的工作环境、稳定的收入，保障日常生活不受影响。因为有基本的生活开支和生活压力，收入的稳定性比较重要，包括工资发放的准时性。有些店老板甚至不准时发放工资，殊不知这对一般员工是多大的影响，这不仅是诚信的问题，还影响到他们生活开支的节奏。企业老板的这种错误实属不应该，早晚都是要支出的，何必要拖延而又影响员工的积极性呢！

（3）中层员工开始关注社会交往，对公司的人性化管理、和谐的团队工作环境比较重视。一个较为人性化的公司，对中层的吸引力是很大的。员工会选择待遇比同类水平低20%，但工作氛围好的团队。公司的关怀，包括员工家庭的关照、基本福利的保障、多种活动的组织、公司制度建设的参与、工作能力的培养、公平的晋升机会等。

（4）中高层员工则看中地位与认可，注重"面子"，比较看中职位和头衔，因为这些都是展示给别人的。同时，可多赋予其责任，以达到激励的目的。

（5）高层员工，自主性很强，与当老板只是一步之遥，特别是针对开设几家店面的区域经销商而言更是如此。他们更注重自己能力的发挥，以及创造性的工作，股份的开放也是可选激励之一。

2. 物质激励

（1）物质激励的条件。

一般需要同时满足三个条件：

一是目标的完成需要付出极大的努力才能实现。

二是员工特别在意目标完成所获得的物质激励，即物质激励对激励对象有效。

三单纯的精神激励无法取得期望的激励效果。

（2）物质激励的主要方式。

现金激励：任务奖金（按事项设置、按时间设置）、优秀奖金（PK 结果）。

奖品激励：任务奖品（按事项设置、按时间设置）、优秀奖品（PK 结果）、幸运奖品（氛围营造使用、活动时使用）。

福利奖励：团队福利（团队业绩达成）、个人福利（个人目标完成或评优胜出），具体表现形式为餐饮、旅游、带薪休假、其他娱乐活动等。

（3）物质激励注意事项。

物质激励的考核项目一般需要可量化处理，体现公平、公正原则。

目标合理、努力可期：目标不可过低亦不可过高。踮脚够得着才有成就感，够不着则信心不足，防止产生挫败感，造成后遗症。

物质激励一般需要拉开档次，即两个相邻层次激励建议差距为 1 倍左右，忌平均主义。

物质奖励产品，建议通过正规渠道选购优质品牌产品，实用物品和时尚新奇物品均可。不建议购置劣质产品。

防止惯性激励：不能惯出有物质激励就干、没物质激励就不干的毛病。所以物质激励，长期激励宜有规律可循；短期激励可自由发挥，可有可无、可大可小，不能形成惯性认识。防止激励形成本来就有的、本来就该发的惯性思维。

重奖励轻处罚：简单地讲，就是怀菩萨心肠，行霹雳手段。鉴于"90后"特征，以奖励为主、处罚为辅。奖励宜物质精神兼顾，处罚尽量避开物质处罚。奖罚及时兑现优于延时。

3. 精神激励

（1）表扬激励。

对员工表扬是最"廉价"的激励，只要有善于发现员工某方面优秀的心，并及时付诸赞美，那就是一剂很好的补药。

（2）榜样激励。

建立某方面的标兵、大力宣传，并正确引导，使员工学有方向、赶有目标。管理者首先应该以身作则，成为这方面的榜样。同时，注意榜样的自身成长及榜样的忠诚度。

（3）情感激励。

业绩、情义并重，做一个有温度的团队，与员工建立情感联系，适当时机做些心中有你、雪中送炭、宽容之心的事情。创造一个快乐轻松的环境：快乐也是生产力；轻松是指工作氛围，而非工作本身。

（4）人脉拓展。

方便时，带领其进入更高级别的交际圈子，拓展高端人脉。

（5）竞争激励。

对于容易评估的活动一律采取 PK 竞争手段。PK 活动有助于激发团队士气，对于拉动团队成长非常有价值。既要做个人 PK，也做小组 PK，后者有助于培养员工的团队意识。可在办公地点制作相关物料（如海报、展架、旗帜、袖标、特色服装等）全面营造 PK 氛围。

（6）培训激励。

给予优秀员工参加在外培训提升的福利，日常也可以由专人"传帮带"、老板、店长培训，员工内部的培训分享等。

（7）授权激励。

在合适的时机，适当放权给能力尚可、忠诚可嘉的员工。授权意味着对员工的信任、器重，以及提供更广阔的施展空间和机会。授权宜稳健进行，由小到大、由少到多、由不重要到重要，逐步过渡，并明确哪些是临时授权的，哪些是常态授予的。授权容易、收权难。

授权还可是部分可控特权：如特殊带薪休假权、内部员工认购价、员工亲友价等。

（8）职位提升。

对优秀员工进行提升，给予其能力施展的机会和空间，赋予其恰当的职位和权限。

附：经销商激励实施措施

（1）建立任务完成全员奖金制：每一名员工关注并参与完成任务，一同喜悦、一同惋惜、一同总结、一同改进。

（2）建立每月销售冠军特权制：带薪休假1天，特色餐馆家宴一次。

（3）建立季度休闲娱乐活动制：旅游、野餐、拓展训练等。

（4）建立每周老板对话机制：与员工每周保持一次零距离对话机制，在一个轻松的环境里，倾听其意见和建议。

（5）建立周会、月会分享机制：时长30分钟，每期3人，每人10分钟。

（6）建立员工建议反馈机制：有来必回，有行必奖。

（7）实行全面PK方案：人与人、组与组、店与店等，有事就有PK，有奖也有罚，物质、精神一起奖励，处罚精神为主、物质为辅。

（8）打造榜样，实施宣传：从忠诚度高和业务能力强的人中选择。

（9）在合适的时间，适当地放权给能力尚可、忠诚可嘉的员工。

（10）结合经销商老板自身特征，逐渐梳理出自己独特的企业文化，形成自己的价值观和做事风格，并践行。

4. 薪资设计

（1）原则。

较高薪资：综合收益高于同行20%，高收益吸纳人才，宁减人不减钱。

高于期望：忌讨价还价，要么不要，最好略高于应聘者的期望薪资。

业绩挂钩：业绩与激励挂钩，能力与底薪结合。

人员有别：销售人员"低底薪、高激励"，管理人员"高年薪、中底薪"。

忠诚有奖：针对忠诚员工设置工龄工资，为忠诚员工缴纳社保等。

薪资准发：除非迫不得已，绝不拖欠工资，宁可提前，不可拖后；总归要发，何不快乐发放？

（2）设计参考。

销售相关岗位工资设计（如表6-8所示）：

总工资 = 基础底薪 + 执行力考核 + 月度提成 + 年度奖金

表6-8 销售相关岗位工资设计

工资项目		示意参考
基础底薪		家居建材行业内同等职位的月均保底工资
执行力考核		底薪工资的15%，通过KPI进行日常行为、执行力的考核
月度提成	差额累进制	阶梯提成法—区间提成：不同区间提成不同，如0~4万元为0、4~6万元为2%、6~8万元为3%、8万元以上4%，提成仅对该区间内有效 阶梯提成法—从底翻提成：提成对区间及以下全部有效
	任务量制	每个月设置保底任务量、冲刺任务量，不同任务量内，设置不同的提成 任务设置的方式：参考去年同期、上个月销售情况、当地交房量情况
	产品制	为推动导购力推某产品（如窗），适当增加该力推产品的提成，可比其他产品扣点多出1~3个点

（3）年终奖励。

原则上，全员都有年终奖，但工作不满半年的、低于一定销售额的，没有年终奖。

以销售额为基数，不同的销售额设置不同的奖励比例。在一定销售额度以下，年终奖励比例为零。

管理人员给予适当额度年终奖，老员工比普通员工比例微高，但低于管理人员。层级越高，管理奖基数越大。

五、团队管控

1. 管控要点

团队管控要点主要包括工作方向、工作状态、主要流程、关键节点四个方面。

（1）把握工作方向。

管控首先是把握工作方向，工作方向发生了偏差，甚至南辕北辙，根本达不到事情预期的结果。

（2）了解工作状态。

上级需要对员工的工作状态进行了解，看是否有消极怠工的行为出现，或者理解偏差，工作陷入困境而不知道如何继续开展的，随时抽查员工的工作状态，可以对员工形成威慑，有利于其进入较好的工作状态，结果按预期完成。

（3）清晰主要流程。

主要是对过程的管理，作为领导，应该清楚了解每一件事情的步骤和关键点，并帮扶和监督员工按照这些主要步骤完成。对于那些只看中结果而不注重过程的管理者，我们认为是不称职的。因为只有清楚地了解每个过程，出现了问题，才可能找到应对的方法，否则会永远"蒙在鼓里"。

（4）掌控关键节点。

每件事情的顺利完成，都可以分为多个关键节点，只要各个关键节点与预期一致，就能很好地保障事情的进展。

2. 管控事项

团队管控主要是管人、管财、管事。

（1）管人。

第一，人事大权一把抓。

经销商老板要亲自负责人事编制的确定、人员的复试和录用、岗位薪资福利的确定、人员的任免、人员的升职与降职、人员的转岗，以及企业文化的导入和培训等。

第二，工作日志每天看。

对于工作日志，员工往往会有抵制情绪，应付填写，如果领导也不去看，结果可能就成了走过场。其实，这是对工作日志错误的对待。作为员工，工作日志是一个很好的自我总结的工具。对于领导来说，便于了解员工工作过程，能够及时发现问题，找出应对对策。工作日志，领导必须每天看，并有针对性地发表建议，这样工作日志才有价值。

日志内容包括当日工作事项总结、问题、建议、市场信息、竞争者情报、目标达成情况，明天工作计划、预期结果等。

第三，工作述职认真谈。

员工工作满半年或一年可以集中约谈，或书面进行述职，了解员工感受，关注员工发展和成长。

员工述职内容一般包括主要完成工作、对公司贡献、业绩完成情况、职业发展计划、对公司发展建议等。

（2）管财。

财务管理方面，需要经销商老板或老板娘一手抓，选择一个最信任的人就好。这样，每份账目的、动用都需要经过老板或老板娘的签字确认。

同时，老板或老板娘直接参与财务的盘点，以及对外账目都必须经老板或老板娘签字同意后才能执行。

（3）管事。

- 实行终极目标与阶段目标管理。
- 实行 KPI 绩效管理：销售人员以测量量、销量、销售额为 KPI，其他人员以执行力为 KPI。
- 实行流程管理、环节控制、规范要求（尤其明确红线）。
- 实行管理人员示范、指导与纠偏。
- 实行看板管理：重要事项、销售进度、PK 数据，如表6-9、表6-10所示。

表6-9 事项看板

事项	重要紧急性	开始时间	完成时间	负责人	完成奖励	完不成处罚

表6-10 销售进度看板

	基础目标	冲刺目标	承诺目标	1	2	3	4	……	29	30	31	累积	完成进度	完成率
组1														
组2														
组3														

备注：对于重要工作及销量完成进度实行看板管理，看板为公司内部行为，不宜被外人看到，注意保密。

3. 提升执行力

团队执行力，可以从以下几个方面进行提升：

（1）目标数字化。

对于所涉及的目标、要求等，尽可能量化，少用"大约、差不多"等词语，尽量数字化。

（2）行动措施具体化。

对于每一项行动，要把采取的措施和步骤与导购沟通清楚，尽可能具体，不要告知了事。

（3）执行步骤定时化。

每个步骤都要有一定的时间要求，有了时间限定，就多了执行的保障。

（4）责任明确化。

事项谁负责，有什么样的责任必须明确，让责任人减少推诿、敷衍。

（5）结果考核化。

每一项结果都需要考核，没有考核的事项就很难被重视和执行，团队全靠自觉的方式，需要强有力的文化推动才行。

（7）策略方案流程化。

确定相关工作流程，少走弯路，便于对关键节点的把握和控制。

（8）工具手册傻瓜化。

要编制店面相关接待、服务、沟通话术等工具手册，而且内容尽可能简单易操作。

（9）过程管理精细化。

我们反对只追求结果，不重视过程的管理；不从过程上去思考和优化，就很难找到问题的解决方法、提升作业效果。

六、运营分析

门店销量如何、运营效率如何、从哪些方面提升等，这些问题需要数据化的分析和判断，进行运营分析，进而找出问题的解决方案，这也是经销商公司化运营的必由之路。

在运营分析中，主要包括店面销售总体分析、店面销售月度分析、样板产品销售分析、顾客常见问题分析，以及竞品分析等。通过这些销售、运营的分析，掌握关键产品销售的动态并查询原因，找出应对的策略，为以后店面产品销量提升打下基础。

1. 店面销售总体分析

店面销售总体分析如表6-11所示。

累计完成率：1月到统计月内的总实际销量与计划销量之比。如6月份统计，即1-6月份实际销量与1-6月份计划销量之比。

累计增长率：当年1月到统计月内实际销量与上年同期的销量的增量

表 6-11　店面销售总体分析

月份项目	1	2	3	4	5	6	7	8	9	10	11	12	合计
当月目标													
当月销量													
当月完成率													
累计完成率													
上年同期													
同比增长													
累计增长率													

比率。如 6 月份统计，即当年 1-6 月份实际销量和上年 1-6 月份销量之差，与上年 1-6 月份销量之比。

实际意义：

- 清晰反映整个店面当年的销售走势、当年销量与上年的成长对比。
- 对比上年同期销量有大幅成长或衰退的销售数字形成鲜明的对比。
- 引导店长对异常销售数字，做出备注和差异说明。

2. 店面销售月度分析

按照不同门店，对销售信息进一步的细化，分为 3 种类型：一是按产品的销售；二是按照渠道来源的分解；三是检查到店人数的成交漏斗分析。如表 6-12 所示。

表 6-12　店面销售月度分析

项目	销售总金额	特价金额	产品1金额	产品2金额	产品×金额	门店订单	家装订单	小区订单	老顾客推荐	其他订单	来店顾客数	登记顾客数	上门测量数	样板参观数	成交单数
店1															
店2															
店3															
合计															

还可以进一步对各渠道的销售细化分析,如电话邀约跟进分析、小区业务分项分析、家装业务分项分析、各导购门店接待成交分析等。

3. 样板产品销售分析

样板占用了大量的空间,花费了较多的心思,其销量必须重点关注,以每季度销售的情况分析,找出相应的对策,样板产品的单位产出最大化。

店面样板季度销售分析如表 6-13 所示。

表 6-13 店面样板季度销售分析

负责人: 　　　时间: 　　年　　季度

样板型号	销售数量	销售金额	销售占比	改进意见

运用说明:

(1) 要关注所有出样产品的市场销售情况,尤其是公司、店面主推的产品。

(2) 产品旺季来到前要及早做好样品更换工作,为换季销售、展示做准备。

(3) 提高店面各级人员的销售敏感度。

(4) 要特别关注公司、店面主推的新样品销售状况。

(5) 每个季度统计分析一次。

4. 顾客常见问题分析

在接待顾客时,有时会被顾客问住,遇到一些"卡壳"问题。把这些问题汇总起来,找懂这些问题的人或组织大家一起分析,做出话术参考,供日后培训、学习。如表6-14所示。

表6-14 顾客常见问题分析答疑汇总表

序号	问题类别(品牌、产品、服务等)	问题描述	答疑话术参考
1			
2			
3			
4			

同时,对成交顾客及非成交顾客进行汇总分析,以便识别关键成交因素,更有利于以后的成交。如表6-15所示。

表6-15 成交顾客与未成交顾客分析表

	主要特征	成交因素	提升方向
成交顾客			
未成交顾客			

5. 竞品分析

对当地销量比较好的品牌、上升趋势快的品牌,或对自己正面竞争较多的品牌进行深入了解，分析其基本情况、优势、劣势，以及应对策略。

"基本情况"可包括经营时间、经营性质（直营还是加盟）、品类是否专一，分系列的销量情况，各销售渠道情况（门店、家装公司、联盟活动、小区推广、展销会、网络、其他），价格情况（标价、日常折扣、活动折扣），广告投放情况，促销的方式、力度、频次，店面的数量、位置、面积、装修情况，老板的个性，各团队概况等。

七、组织文化建设

经销商从夫妻店不断地做大做强,不仅要在队伍管理、制度建设上下功夫,还需要渲染些"文化"的味道。文化是务虚,还是务实?公司要做大,文化的重要性就越来越明显。对经销商来说,团队文化就是老板文化。团队往往是根据老板的兴趣、爱好而构建的,团队的最高领导者信奉什么,就可能推行什么样的文化。所以,经销商的自身素养提升就非常重要。

1. 经销商自我提升

(1)从管理事向管理人转变。

经销商的业务,开始大都是靠自己打拼出来的,在业务链条上几乎无所不能。随着业务的发展、队伍的壮大,必须要逐步学会分工和放权。规模再扩大,各部门逐渐成规模、职能完善,经销商就要继续往后退,从管理事项向管理团队的维度转换,人才管理成为发展关键。

经销商能够做多大，关键是看自己的管理能力，经销商业绩提升最终受制于此，自身能力成为业务难以突破的天花板。

（2）自己是一切问题的根源。

经销商老板总是喜欢"眼睛往外看"，遇到问题习惯觉得是员工的责任。其实，每个人身边的所有环境都是自己经营的，发生的事情是好是坏，都与自己的积累有关。自己遇到的所有问题都是自己造成的，自己是一起问题的根源。

比如经销商交代员工做一件事情，结果员工做砸了。把原因归结为下属没有能力、不用心，但如果进行自我剖析：员工是自己安排的，是不是没有交代清楚，是否过程中间没有跟踪，或许自己在"识人"方面还需要提升技能，不应该安排他去做等。习惯从自身找原因，才能够快速实现自我提升。

（3）与人为善，厚德载物。

清华大学的校训是"厚德载物"，德指按照自然规律去工作、去生活、去做人做事；物就是我们说的福报。我们所有的财富、智慧，用一个"物"字来代表。经销商"厚德"，才能"载物"，二者类似于能量守恒，不能不信。

德行就是积累福报的过程，人的福报就像一个水池，不断通过积德向里面蓄水，福报才会越来越多；而"缺德"，则是不断地从福报水池排水的过程。一旦福报用尽，相应的麻烦和损失也会接踵而来，看问题要看本质。

（4）爱学习，老板带头学。

在德行、学识和财富三者的重要性顺序上，经销商首先想到的是财富，其次才是提升自己的学识、技能，最后才会想到德行。其实大错特错，正确的排序是德行＞学识＞财富。有德行，自己又爱学习、爱进步，财富是水到渠成的事情。如果本末倒置，舍本逐末，那真是举步维艰。

2. 队伍建设

制度建设是团队"刚性"的方面，但在管理上，要结合中国人的习惯和特点，注重"柔性"的方面。

（1）怀柔管理。

家居建材导购队伍、业务人员是一个比较特殊的团队，其组成成员基本上都是一些来自于社会基层的就业者。一项调查表明，97%的导购不希望自己的孩子将来也从事这一岗位，这说明导购对自己的岗位大多数都存有"鄙视"心理。这正是这种心理导致了这个岗位的三大特征：被动就业、流动性大、比较脆弱。

所以，经销商要高度重视基础员工的心理建设，应该认识到导购、业务团队是销售的根本，没有他们就没有更大销量的可能。所以，对团队要进行更为细腻的管理，从内心关怀他们，不是把他们当作赚钱的工具。

"把员工当作一头牛，那他就是一个人；把员工当作一个人，那他就是一头牛！"

（2）归属感的建立。

结合上述员工的特点，经销商要培养员工的归属感，包括身体、情感、理想和精神的归属，需要从以下几个方面进行思考：

- 身体的归属：包括办公硬件、物质、基本的生活工作条件。
- 情感的归属：包括快乐、被关心、被认可，以及安全感。
- 理想的归属：包括个人利益在团队利益框架内得以实现。
- 精神的归属：包括认同团队价值观，成为精神的家园。

其实，员工要求不多，员工看中的就是：一定的物质保障，收入还不错；干得比较开心；有提升、发展机会。

（3）及时清退负能量者。

对员工的"柔性"管理，并不代表无底线的退让，制度是有红线的。对员工是菩萨心肠，行霹雳手段。对于违背红线者，要敢于下手，干净利索，不要留恋，特别是能力强、贡献大的"重要人物"。一项研究表明，对组织最具破坏力、最起坏作用的就是那些有能力、贡献大，但对公司制度不认同的骨干人物。

3. 构建阳光团队文化

（1）团队孝亲尊师、阳光上进。

构建"德行＞学识＞财富"的文化，这样才阳光，才具有正能量。

有人会有疑问，孝亲尊师这些品质跟这个人尽职工作有关系吗？当然有！一位员工如果连最基本的孝道、尊敬老师都做不到，还能奢望他团结同事，愿意为团队多付出吗？连最亲近的人都不懂得去爱、不懂得去感恩的人，还能希望他去爱团队吗？

阳光上进是对工作的态度，有些员工抱怨不断，工作上推诿，总是觉得别人这不好那不行，唯独没有思考自身的问题。这些员工没有阳光上进的心态，在团队中也影响了一些踏实工作者，应该及早清除。

（2）整体意识，互相包容。

一个团队就如同人的各个器官一样，是一个整体，大家都是相互合作的。哪里出现了问题，整个团队都会受到影响。既然是一个整体，个体之间就要互相包容，共同成长，责任共担。

在路上遇到堵车时，我们就会明白，只有其他车辆通畅，自己的车才能通畅。团队何尝不是如此，团队之间是相互的，责任是均等的。

团队要明白：做小事，靠个人；成大业，靠团队。没有团队整体的力量，所有的工作都难以开展，个人抱负更无从实现。

（3）平等心。

制度建设，需要团队成员的共同参与，要建立在平等的基础上，每一项制度都要公平、合理。制度一旦确定，要平等地执行，特别是团队领导，包括老板、老板娘，必须以身作则，不能有特权思想，带头遵守规章制度。

阳光、整体、平等是团队文化建设的基本精神，在基础物质保障的前提下，通过团队文化调整行为，逐步显现团队文化的魅力。以制度来规范，以文化来影响，只有文化建设好的团队和企业，才会走得更远、更持久！

推荐作者得新书!
博瑞森征稿启事

亲爱的读者朋友：

感谢您选择了博瑞森图书！希望您手中的这本书能给您带来实实在在的帮助。

博瑞森一直致力于发掘好作者、好内容，希望能把您最需要的思想、方法，一字一句地交到您手中，成为管理知识与管理实践的桥梁。

但是我们也知道，有很多深入企业一线、经验丰富、乐于分享的优秀专家，或者忙于实战没时间，或者缺少专业的写作指导和便捷的出版途径，只能茫然以待……

还有很多在竞争大潮中坚守的企业，有着异常宝贵的实践经验和独特的洞察，但缺少专业的记录和整理者，无法让企业的经验和故事被更多的人了解、学习……

对读者而言，这些都太遗憾了！

博瑞森非常希望能将这些埋藏的"宝藏"发掘出来，贡献给广大读者，让更多的人从中受益。

所以，我们真心地邀请您，我们的老读者，帮我们搜寻：

推荐作者

可以是您自己或您的朋友，只要对本土管理有实践、有思考；可以是您通过网络、杂志、书籍或其他途径了解的某位专家，不管名气大小，只要他的思想和方法曾让您深受启发。

可以是管理类作品，也可以超出管理，各类优秀的社科作品或学术作品。

推荐企业

可以是您自己所在的企业，或者是您熟悉的某家企业，其创业过程、运营经历、产品研发、机制创新，等等。无论企业大小，只要乐于分享、有值得借鉴书写之处。

总之，好内容就是一切！

博瑞森绝非"自费出书"，出版费用完全由我们承担。您推荐的作者或企业案例一经采用，我们会立刻向您赠送书币1000元，可直接换取任何博瑞森图书的纸书或电子书。

感谢您对本土管理原创、博瑞森图书的支持！

推荐投稿邮箱：bookgood@126.com　　推荐手机：13611149991

1120 本土管理实践与创新论坛

这是由100多位本土管理专家联合创立的企业管理实践学术交流组织,旨在孵化本土管理思想、促进企业管理实践、加强专家间交流与协作。

论坛每年集中力量办好两件大事:第一,"**出一本书**",汇聚一年的思考和实践,把最原创、最前沿、最实战的内容集结成册,贡献给读者;第二,"**办一次会**",每年11月20日本土管理专家们汇聚一堂,碰撞思想、研讨案例、交流切磋、回馈社会。

论坛理事名单(以年龄为序,以示传承之意)

首届常务理事:

| 彭志雄 | 曾 伟 | 施 炜 | 杨 涛 | 张学军 | 郭 晓 | 程绍珊 | 胡八一 |
| 王祥伍 | 李志华 | 陈立云 | 杨永华 |

理　　事:

张再林	卢根鑫	刘文瑞	王铁仁	周荣辉	罗 珉	房西苑	曾令同
黄民兴	陆和平	孟广桥	宋杼宸	张国祥	刘承元	叶兴平	曹子祥
宋新宇	吴越舟	吴 坚	杜建君	戴欣明	仲昭川	刘春雄	刘祖轲
张茂泽	段继东	陈立胜	梁 涛	何 慕	秦国伟	贺兵一	罗海容
张小虎	陈忠建	郭 剑	余晓雷	黄中强	朱玉童	沈 坤	阎立忠
张 进	丁兴良	朱仁健	薛宝峰	史贤龙	卢 强	史幼波	黄剑黎
叶敦明	王 涛	李文才	王 强	张远凤	陈 明	廖信琳	岑立聪
方 刚	何足奇	周 俊	杨 奕	孙行健	孙嘉晖	张东利	郭富才
叶 宁	何 屹	沈 奎	王明胤	王 超	马宝琳	谭长春	杨竣雄
夏惊鸣	张 博	段传敏	李洪道	胡浪球	孙 波	唐江华	程 翔
翟玉忠	刘红明	杨鸿贵	伯建新	高可为	李 蓓	王春强	孔祥云
戴 勇	贾同领	罗宏文	张兵武	史立臣	李政权	余 盛	陈小龙
尚 锋	邢 雷	余伟辉	李小勇	苗庆显	孙 巍	陈继展	全怀周
林延君	王清华	初勇钢	陈 锐	高继中	聂志新	黄 屹	沈 拓
徐伟泽	潦 寒	谭洪华	崔自三	王玉荣	蒋 军	侯军伟	黄润霖
朱伟杰	金国华	吴 之	葛新红	周 剑	崔海鹏	李治江	陈海超
柏 夑	唐道明	刘书生	朱志明	曲宗恺	杜 忠	黄渊明	王献永
范月明	吕 林	刘文新	赵晓萌	张 伟	韩 旭	韩友诚	熊亚柱
秦海林	孙彩军	刘 雷	贺小林	王庆云	黄 娜	俞士耀	田 军
丁 昀	张小峰	黄 磊	罗晓慧	赵海永	伏泓霖	任彭枞	梁小平
鄢圣安	马方旭	乐 涛	杨晓燕	欧阳莉华	陈 慧	张 璐	

企业案例·老板传记			
	书名．作者	内容/特色	读者价值
企业案例·老板传记	你不知道的加多宝：原市场部高管讲述 曲宗恺　牛玮娜　著	前加多宝高管解读加多宝	全景式解读，原汁原味
	借力咨询：德邦成长背后的秘密 官同良　王祥伍　著	讲述德邦是如何借助咨询公司的力量进行自身与发展的	来自德邦内部的第一线资料，真实、珍贵，令人受益匪浅
	娃哈哈区域标杆：豫北市场营销实录 罗宏文　赵晓萌　等著	本书从区域的角度来写娃哈哈河南分公司豫北市场是怎么进行区域市场营销，成为娃哈哈全国第一大市场、全国增量第一高市场的一些操作方法	参考性、指导性，一线真实资料
	六个核桃凭什么：从0过100亿 张学军　著	首部全面揭秘养元六个核桃裂变式成长的巨著	学习优秀企业的成长路径，了解其背后的理论体系
	像六个核桃一样：打造畅销品的36个简明法则 王　超　范　萍　著	本书分上下两篇：包括"六个核桃"的营销战略历程和36条畅销法则	知名企业的战略历程极具参考价值，36条法则提供操作方法
	解决方案营销实战案例 刘祖轲　著	用10个真案例讲明白什么是工业品的解决方案式营销，实战、实用	有干货、真正操作过的才能写得出来
	招招见销量的营销常识 刘文新　著	如何让每一个营销动作都直指销量	适合中小企业，看了就能用
	我们的营销真案例 联纵智达研究院　著	五芳斋粽子从区域到全国/诺贝尔瓷砖门店销量提升/利豪家具出口转内销/汤臣倍健的营销模式	选择的案例都很有代表性，实在、实操！
	中国营销战实录：令人拍案叫绝的营销真案例 联纵智达　著	51个案例，42家企业，38万字，18年，累计2000余人次参与……	最真实的营销案例，全是一线记录，开阔眼界
	双剑破局：沈坤营销策划案例集 沈　坤　著	双剑公司多年来的精选案例解析集，阐述了项目策划中每一个营销策略的诞生过程，策划角度和方法	一线真实案例，与众不同的策划角度令人拍案叫绝、受益匪浅
	宗：一位制造业企业家的思考 杨　涛　著	1993年创业，引领企业平稳发展20多年，分享独到的心得体会	难得的一本老板分享经验的书
	简单思考：AMT咨询创始人自述 孔祥云　著	著名咨询公司（AMT）的CEO创业历程中点点滴滴的经验与思考	每一位咨询人，每一位创业者和管理经营者，都值得一读
	边干边学做老板 黄中强　著	创业20多年的老板，有经验、能写、又愿意分享，这样的书很少	处处共鸣，帮助中小企业老板少走弯路
	三四线城市超市如何快速成长：解密甘雨亭 IBMG国际商业管理集团　著	国内外标杆企业的经验+本土实践量化数据+操作步骤、方法	通俗易懂，行业经验丰富，宝贵的行业量化数据，关键思路和步骤
	中国首家未来超市：解密安徽乐城 IBMG国际商业管理集团　著	本书深入挖掘了安徽乐城超市的试验案例，为零售企业未来的发展提供了一条可借鉴之路	通俗易懂，行业经验丰富，宝贵的行业量化数据，关键思路和步骤
互联网+	新营销 刘春雄　著	新营销的新框架体系是场景是产品逻辑，IP是品牌逻辑，社群是连接逻辑，传播是营销逻辑	助力品牌商实现由传统营销到新营销的理念和行动的跨越，助力企业打赢升级转型之仗
	企业微信营销全指导 孙　巍　著	专门给企业看到的微信营销书，手把手教企业从小白到微信营销专家	企业想学微信营销现在还不晚，两眼一抹黑也不怕，有这本书就够
	企业网络营销这样做才对：B2B　大宗B2C 张　进　著	简单直白拿来就用，各种窍门信手拈来，企业网络营销不麻烦也不用再头疼，一般人不告诉他	B2B、大宗B2C企业有福了，看了就能学会网络营销

续表

互联网+			
	书名·作者	内容/特色	读者价值
互联网+	互联网时代的银行转型 韩友诚 著	以大量案例形式为读者全面展示和分析了银行的互联网金融转型应对之道	结合本土银行转型发展案例的书籍
	正在发生的转型升级·实践 本土管理实践与创新论坛 著	企业在快速变革期所展现出的管理变革新成果、新方法、新案例	重点突出对于未来企业管理相关领域的趋势研判
	触发需求:互联网新营销样本·水产 何足奇 著	传统产业都在苦闷中挣扎前行,本书通过鲜活的案例告诉你如何以需求链整合供应链,从而把大家熟知的传统行业打碎了重构、重做一遍	全是干货,值得细读学习,并且作者的理论已经经过了他亲自操刀的实践检验,效果惊人,就在书中全景展示
	移动互联新玩法:未来商业的格局和趋势 史贤龙 著	传统商业、电商、移动互联,三个世界并存,这种新格局的玩法一定要懂	看清热点的本质,把握行业先机,一本书搞定移动互联网
	微商生意经:真实再现33个成功案例操作全程 伏泓霖 罗晓慧 著	本书为33个真实案例,分享案例主人公在做微商过程中的经验教训	案例真实,有借鉴意义
	阿里巴巴实战运营——14招玩转诚信通 聂志新 著	本书主要介绍阿里巴巴诚信通的十四个基本推广操作,从而帮助使用诚信通的用户及企业更好地提升业绩	基本操作,很多可以边学边用,简单易学
	互联网精准营销:创造爆发式的商业价值 蒋 军 著	怎么在互联网时代整体策划、包装品牌和产品,并在此基础上为企业设计商业模式,技术实现并运营落地	为有基础的小微企业(大企业的新项目)1年实现销售额过亿,2年对接资本,3年左右准IPO
	今后这样做品牌:移动互联时代的品牌营销策略 蒋 军 著	与移动互联紧密结合,告诉你老方法还能不能用,新方法怎么用	今后这样做品牌就对了
	互联网+"变"与"不变":本土管理实践与创新论坛集萃·2016 本土管理实践与创新论坛 著	本土管理领域正在产生自己独特的理论和模式,尤其在移动互联时代,有很多新课题需要本土专家们一起研究	帮助读者拓宽眼界、突破思维
	创造增量市场:传统企业互联网转型之道 刘红明 著	传统企业需要用互联网思维去创造增量,而不是用电子商务去转移传统业务的存量	教你怎么在"互联网+"的海洋中创造实实在在的增量
	重生战略:移动互联网和大数据时代的转型法则 沈 拓 著	在移动互联网和大数据时代,传统企业转型如同生命体打算与再造,称之为"重生战略"	帮助企业认清移动互联网环境下的变化和应对之道
	画出公司的互联网进化路线图:用互联网思维重塑产品、客户和价值 李 蓓 著	18个问题帮助企业一步步梳理出互联网转型思路	思路清晰、案例丰富,非常有启发性
	7个转变,让公司3年胜出 李 蓓 著	消费者主权时代,企业该怎么办	这就是互联网思维,老板有能这样想,肯定倒不了
	跳出同质思维,从跟随到领先 郭 剑 著	66个精彩案例剖析,帮助老板突破行业长期思维惯性	做企业竟然有这么多玩法,开眼界

续表

行业类:零售、白酒、食品/快消品、农业、医药、建材家居等			
	书名.作者	内容/特色	读者价值
零售·超市·餐饮·服装	总部有多强大,门店就能走多远 IBMG 国际商业管理集团 著	如何把总部做强,成为门店的坚实后盾	了解总部建设的方法与经验
	超市卖场定价策略与品类管理 IBMG 国际商业管理集团 著	超市定价策略与品类管理实操案例和方法	拿来就能用的理论和工具
	连锁零售企业招聘与培训破解之道 IBMG 国际商业管理集团 著	围绕零售企业组织架构、培训体系建设等内容进行深刻探讨	破解人才发现和培养瓶颈的关键点
	中国首家未来超市:解密安徽乐城 IBMG 国际商业管理集团 著	介绍了乐城作为中国首家未来超市从无到有的传奇经历	了解新型零售超市的运作方式及管理特色
	三四线城市超市如何快速成长:解密甘雨亭 IBMG 国际商业管理集团 著	揭秘一家三四线连锁超市的经验策略	不但可以欣赏它的优点,而且可以学会它成功的方法
	涨价也能卖到翻 村松达夫 【日】	提升客单价的 15 种实用、有效的方法	日本企业在这方面非常值得学习和借鉴
	移动互联下的超市升级 联商网专栏频道 著	深度解析超市转型升级重点	帮助零售企业把握全局、看清方向
	手把手教你做专业督导:专卖店、连锁店 熊亚柱 著	从督导的职能、作用,在工作中需要的专业技能、方法,都提供了详细的解读和训练办法,同时附有大量的表单工具	无论是店铺需要统一培训,还是个人想成为优秀的督导,有这一本就够了
	百货零售全渠道营销策略 陈继展 著	没有照本宣科、说教式的絮叨,只有笔者对行业的认知与理解,庖丁解牛式的逐项解析、展开	通俗易懂,花极少的时间快速掌握该领域的知识及趋势
	零售:把客流变成购买力 丁昀 著	如何通过不断升级产品和体验式服务来经营客流	如何进行体验营销,国外的好经营,这方面有启发
	餐饮企业经营策略第一书 吴坚 著	分别从产品、顾客、市场、盈利模式等几个方面,对现阶段餐饮企业的发展提出策略和思路	第一本专业的、高端的餐饮企业经营指导书
	电影院的下一个黄金十年:开发·差异化·案例 李保煜 著	对目前电影院市场存大的问题及如何解决进行了探讨与解读	多角度了解电影院运营方式及代表性案例
	赚不赚钱靠店长:从懂管理到会经营 孙彩军 著	通过生动的案例来进行剖析,注重门店管理细节方面的能力提升	帮助终端门店店长在管理门店的过程中实现经营思路的拓展与突破
耐消品	商用车经销商运营实战 杜建君 王朝阳 章晓青 等著	从管理到经营,从销售到服务,系统化运作全指导	为经销商经营开阔思路,掌握方法
	汽车配件这样卖:汽车后市场销售秘诀 100 条 俞士耀 著	汽配销售业务员必读,手把手教授最实用的方法,轻松得来好业绩	快速上岗,专业实效,业绩无忧
	跟行业老手学经销商开发与管理:家电、耐消品、建材家居 黄润霖 著	全部来源于经销商管理的一线问题,作者丰富的经验将每一个问题落实到最便捷快速的操作方法上去	书中每一个问题都是普通营销人亲口提出的,这些问题你也会遇到,作者进行的解答则精彩实用

续表

白酒	酒水饮料快消品餐饮渠道营销手册 朱伟杰　著	主要针对快消品（酒水、饮料）的餐饮渠道，提供了区域、商圈、不同业态的规划和促销安排等多种工具，并提出了经销商、批发商等相关人员的管理方法	一本酒水饮料如何在餐饮渠道销售的全能手册，内容深入翔实，可以直接照搬套用，这样的便利简直千金不换
	白酒到底如何卖 赵海永　著	以市场实战为主，多层次、全方位、多角度地阐释了白酒一线市场操作的最新模式和方法，接地气	实操性强，37个方法、6大案例帮你成功卖酒
	变局下的白酒企业重构 杨永华　著	帮助白酒企业从产业视角看清趋势，找准位置，实现弯道超车的书	行业内企业要减少90%，自己在什么位置，怎么做，都清楚了
	1. 白酒营销的第一本书（升级版） 2. 白酒经销商的第一本书 唐江华　著	华泽集团湖南开口笑公司品牌部长，擅长酒类新品推广、新市场拓展	扎根一线，实战
	区域型白酒企业营销必胜法则 朱志明　著	为区域型白酒企业提供35条必胜法则，在竞争中赢销的葵花宝典	丰富的一线经验和深厚积累，实操实用
	10步成功运作白酒区域市场 朱志明　著	白酒区域操盘者必备，掌握区域市场运作的战略、战术、兵法	在区域市场的攻伐防守中运筹帷幄，立于不败之地
	酒业转型大时代：微酒精选2014－2015 微酒　主编	本书分为五个部分：当年大事件、那些酒业营销工具、微酒独立策划、业内大调查和十大经典案例	了解行业新动态、新观点，学习营销方法
快消品·食品	中国快消品营销的这些年 史贤龙　著	作者精华文章的合集，一本书浓缩了过去十五年，中国营销的实战历程与前沿思考	快消品营销行业的案例和方法都原汁原味呈现，在反映当时风貌的同时，展望与反思
	营销中国茶：2小时读懂茶叶营销 史贤龙　著	从不同视角对中国的茶营销进行了思考，内容涉及中国茶产业战略困境、茶企业规模化、茶品牌崛起、茶文化、茶营销、茶消费、茶零售、茶道等	内容丰富扎实，文字流畅，浓缩的都是精华，让你2小时读懂茶叶营销
	这样打造快消品标杆市场 罗宏文　著	帮助你解决如何成功打造标杆市场和进行持续增量管理两大问题	一套系统的方法论，通俗易懂，可以直接套用
	5小时读懂快消品营销：中国快消品案例观察 陈海超　著	多年营销经验的一线老手把案例掰开了、揉碎了，从中得出的各种手段和方法给读者以帮助和启发	营销那些事儿的个中秘辛，求人还不一定告诉你，这本书里就有
	快消品招商的第一本书：从入门到精通 刘雷　著	深入浅出，不说废话，有工具方法，通俗易懂	让零基础的招商新人快速学习书中最实用的招商技能，成长为骨干人才
	乳业营销第一书 侯军伟　著	对区域乳品企业生存发展关键性问题的梳理	唯一的区域乳业营销书，区域乳品企业一定要看
	食用油营销第一书 余盛　著	10多年油脂企业工作经验，从行业到具体实操	食用油行业第一书，当之无愧
	中国茶叶营销第一书 柏鹔　著	如何跳出茶行业"大文化小产业"的困境，作者给出了自己的观察和思考	不是传统做茶的思路，而是现在商业做茶的思路
	调味品营销第一书 陈小龙　著	国内唯一一本调味品营销的书	唯一的调味品营销的书，调味品的从业者一定要看
	快消品营销人的第一本书：从入门到精通 刘雷　伯建新　著	快消行业必读书，从入门到专业	深入细致，易学易懂
	变局下的快消品营销实战策略 杨永华　著	通胀了，成本增加，如何从被动应战变成主动的"系统战"	作者对快消品行业非常熟悉、非常实战

续表

分类	书名	内容简介	推荐语
快消品·食品	快消品经销商如何快速做大 杨永华 著	本书完全从实战的角度，评述现象，解析误区，揭示原理，传授方法	为转型期的经销商提供了解决思路，指出了发展方向
	一位销售经理的工作心得 蒋军 著	一线营销管理人员想提升业绩却无从下手时，可以看看这本书	一线的真实感悟
	快消品营销：一位销售经理的工作心得2 蒋军 著	快消品、食品饮料营销的经验之谈，重点图书	来源与实战的精华总结
	快消品营销与渠道管理 谭长春 著	将快消品标杆企业渠道管理的经验和方法分享出来	可口可乐、华润的一些具体的渠道管理经验，实战
	成为优秀的快消品区域经理（升级版） 伯建新 著	用"怎么办"分析区域经理的工作关键点，增加30%全新内容，更贴近环境变化	可以作为区域经理的"速成催化器"
	销售轨迹：一位快消品营销总监的拼搏之路 秦国伟 著	本书讲述了一个普通销售员打拼成为跨国企业营销总监的真实奋斗历程	激励人心，给广大销售员以力量和鼓舞
	快消老手都在这样做：区域经理操盘锦囊 方刚 著	非常接地气，全是多年沉淀下来的干货，丰富的一线经验和实操方法不可多得	在市场摸爬滚打的"老油条"，那些独家绝招妙招一般你问都是问不来的
	动销四维：全程辅导与新品上市 高继中 著	从产品、渠道、促销和新品上市详细讲解提高动销的具体方法。总结作者18年的快消品行业经验，方法实操	内容全面系统，方法实操
农业	新农资如何换道超车 刘祖轲 等著	从农业产业化、互联网转型、行业营销与经营突破四个方面阐述如何让农资企业占领先机、提前布局	南方略专家告诉你如何应对资源浪费、生产效率低下、产能严重过剩、价格与价值严重扭曲等
	中国牧场管理实战：畜牧业、乳业必读 黄剑黎 著	本书不仅提供了来自一线的实际经验，还收入了丰富的工具文档与表单	填补空白的行业必读作品
	中小农业企业品牌战法 韩旭 著	将中小农业企业品牌建设的方法，从理论讲到实践，具有指导性	全面把握品牌规划，传播推广，落地执行的具体措施
	农资营销实战全指导 张博 著	农资如何向"深度营销"转型，从理论到实践进行系统剖析，经验资深	朴实、使用！不可多得的农资实战指导
	农产品营销第一书 胡浪球 著	从农业企业战略到市场开拓、营销、品牌、模式等	来源于实践中的思考，有启发
	变局下的农牧企业9大成长策略 彭志雄 著	食品安全、纵向延伸、横向联合、品牌建设……	唯一的农牧企业经营实操的书，农牧企业一定要看
医药	在中国，医药营销这样做：时代方略精选文集 段继东 主编	专注于医药营销咨询15年，将医药营销方法的精华文章合编，深入全面	可谓医药营销领域的顶尖著作，医药界读者的必读书
	医药新营销：制药企业、医药商业企业营销模式转型 史立臣 著	医药生产企业和商业企业在新环境下如何做营销？老方法还有没有用？如何寻找新方法？新方法怎么用？本书给你答案	内容非常现实接地气，踏实谈问题说方法
	医药企业转型升级战略 史立臣 著	药企转型升级有5大途径，并给出落地步骤及风险控制方法	实操性强，有作者个人经验总结及分析
	新医改下的医药营销与团队管理 史立臣 著	探讨新医改对医药行业的系列影响和医药团队管理	帮助理清思路，有一个框架
	医药营销与处方药学术推广 马宝琳 著	如何用医学策划把"平民产品"变成"明星产品"	有真货、讲真话的作者，堪称处方药营销的经典！
	医药行业大洗牌与药企创新 林延君 沈斌 著	一方面，围绕着变革，多角度阐述药企的应对之道；另一方面，紧扣实践，介绍近百家医药企业创新实践案例	医改变革10年，医药企业如何应对大洗牌？重磅出击的药企人必读书
	新医改了，药店就要这样开 尚锋 著	药店经营、管理、营销全攻略	有很强的实战性和可操作性

续表

医药	电商来了，实体药店如何突围 尚 锋 著	电商崛起，药店该如何突围？本书从促销、会员服务、专业性、客单价等多重角度给出了指导方向	实战攻略，拿来就能用
	OTC医药代表药店销售36计 鄢圣安 著	以《三十六计》为线，写OTC医药代表向药店销售的一些技巧与策略	案例丰富，生动真实，实操性强
	OTC医药代表药店开发与维护 鄢圣安 著	要做到一名专业的医药代表，需要做什么、准备什么、知识储备、操作技巧等	医药代表药店拜访的指导手册，手把手教你快速上手
	引爆药店成交率1：店员导购实战 范月明 著	一本书解决药店导购所有难题	情景化、真实化、实战化
	引爆药店成交率2：经营落地实战 范月明 著	最接地气的经营方法全指导	揭示了药店经营的几类关键问题
	引爆药店成交率：专业化销售解决方案 范月明 著	药品搭配分析与关联销售	为药店人专业化助力
	处方药零售这样做 田 军 著	阐述了处方药零售的重要性，以及做处方药零售市场的具体措施和方法	系统性了解和掌握处方药零售方法
建材家居	成为最赚钱的家具建材经销商 李治江 著	从销售模式、产品、门店等老板们最关注和最需要的方面解决问题、提供方法	只要你是建材、家具、家居用品的经销商老板，这就是一本必读的书
	家具行业操盘手 王献永 著	家具行业问题的终结者	解决了干家具还有没有前途？为什么同城多店的家具经销商很难做大做强等问题
	建材家居营销：除了促销还能做什么 孙嘉晖 著	一线老手的深度思考，告诉你在建材家居营销模式基本停滞的今天，除了促销，营销还能怎么做	给你的想法一场革命
	建材家居营销实务 程绍珊 杨鸿贵 主编	价值营销运用到建材家居，每一步都让客户增值	有自己的系统、实战
	家居建材门店6力爆破 贾同领 著	合盘道出一线品牌销量秘籍	6力找找见血，既有招数，又有策略
	建材家居门店销量提升 贾同领 著	店面选址、广告投放、推广助销、空间布局、生动展示、店面运营等	门店销量提升是一个系统工程，非常系统、实战
	10步成为最棒的建材家居门店店长 徐伟泽 著	实际方法易学易用，让员工能够迅速成长，成为独当一面的好店长	只要坚持这样干，一定能成为好店长
	手把手帮建材家居导购业绩倍增：成为顶尖的门店店员 熊亚柱 著	生动的表现形式，让普通人也能成为优秀的导购员，让门店业绩长红	读着有趣，用着简单，一本在手、业绩无忧
	建材家居经销商实战42章经 王庆云 著	告诉经销商：老板怎么当、团队怎么带、生意怎么做	忠言逆耳，看着不舒服就对了，实战总结，用一招半式就值了
工业品	销售是门专业活：B2B、工业品 陆和平 著	销售流程就应该跟着客户的采购流程和关注点的变化向前推进，将一个完整的销售过程分成十个阶段，提供具体方法	销售不是请客吃饭拉关系，是个专业的活计！方法在手，走遍天下不愁
	解决方案营销实战案例 刘祖轲 著	用10个真案例讲明白什么是工业品的解决方案式营销，实战、实用	有干货，真正操作过的才能写得出来
	变局下的工业品企业7大机遇 叶敦明 著	产业链条的整合机会、盈利模式的复制机会、营销红利的机会、工业服务商转型机会……	工业品企业还可以这样做，思维大突破
	工业品市场部实战全指导 杜 忠 著	工业品市场部经理工作内容全指导	系统、全面、有理论、有方法，帮助工业品市场部经理更快提升专业能力

续表

分类	书名·作者	内容/特色	读者价值
工业品	工业品营销管理实务 李洪道 著	中国特色工业品营销体系的全面深化、工业品营销管理体系优化升级	工具更实战,案例更鲜活,内容更深化
	工业品企业如何做品牌 张东利 著	为工业品企业提供最全面的品牌建设思路	有策略、有方法、有思路、有工具
	丁兴良讲工业4.0 丁兴良 著	没有枯燥的理论和说教,用朴实直白的语言告诉你工业4.0的全貌	工业4.0是什么?本书告诉你答案
	资深大客户经理:策略准,执行狠 叶敦明 著	从业务开发、发起攻势、关系培育、职业成长四个方面,详述了大客户营销的精髓	满满的全是干货
	一切为了订单:订单驱动下的工业品营销实战 唐道明 著	其实,所有的企业都在围绕着两个字在开展全部的经营和管理工作,那就是"订单"	开发订单、满足订单、扩大订单。本书全是实操方法,字字珠玑、句句干货,教你获取营销的胜利
金融	交易心理分析 (美)马克·道格拉斯 著 刘真如 译	作者一语道破赢家的思考方式,并提供了具体的训练方法	不愧是投资心理的第一书,绝对经典
	精品银行管理之道 崔海鹏 何屹 主编	中小银行转型的实战经验总结	中小银行的教材很多,实战类的书很少,可以看看
	支付战争 Eric M. Jackson 著 徐彬 王晓 译	PayPal创业期营销官,亲身讲述PayPal从诞生到壮大到成功出售的整个历史	激烈、有趣的内幕商战故事!了解美国支付市场的风云巨变
	中外并购名著专业阅读指南 叶兴平 等著	在5000多本并购类图书中精选的200著作,在阅读的基础上写的读书评价	精挑细选200本并一一评介,省去读者挑选的烦恼,快捷、高效
	互联网时代的银行转型 韩友诚 著	以大量案例形式为读者全面展示和分析了银行的互联网金融转型应对之道	结合本土银行转型发展案例的书籍
房地产	产业园区/产业地产规划、招商、运营实战 阎立忠 著	目前中国第一本系统解读产业园区和产业地产建设运营的实战宝典	从认知、策划、招商到运营全面了解地产策划
	人文商业地产策划 戴欣明 著	城市与商业地产战略定位的关键是不可复制性,要发现独一无二的"味道"	突破千城一面的策划困局
	电影院的下一个黄金十年:开发·差异化·案例 李保煜 著	对目前电影院市场存大的问题及如何解决进行了探讨与解读	多角度了解电影院运营方式及代表性案例
能源	全能型班组:城市能源互联网与电网升级 国网天津市电力公司 编著	借鉴国内外优秀企业的转型升级思路,通过对于新型班组组织模式和运行机制的大胆设想,力图构建充分适应内外环境变化的全能型班组	看看庞大的国企在新环境下是如何顺应时代的
	国网天津电力全能型班组建设实务 国网天津市电力公司 编著	本书聚焦于天津电力公司在探索全能型班组转型升级时的优秀实践	电力行业的班组实践,具体、可操作性强

经营类:企业如何赚钱,如何抓机会,如何突破,如何"开源"

分类	书名·作者	内容/特色	读者价值
抓方向	让经营回归简单.升级版 宋新宇 著	化繁为简抓住经营本质:战略、客户、产品、员工、成长	经典,做企业就这几个关键点!
	混沌与秩序Ⅰ:变革时代企业领先之道 混沌与秩序Ⅱ:变革时代管理新思维 彭剑锋 尚艳玲 主编	汇集华夏基石专家团队10年来研究成果,集中选择了其中的精华文章编纂成册	作者都是既有深厚理论积淀又有实践经验的重磅专家,为中国企业和企业家的未来提出了高屋建瓴的观点
	活系统:跟任正非学当老板 孙行健 尹贤 著	以任正非的独到视角,教企业老板如何经营公司	看透公司经营本质,激活企业活力

续表

抓方向	重构：快消品企业重生之道 杨永华 著	从7个角度，帮助企业实现系统性的改造	提供转型思想与方法，值得参考
	公司由小到大要过哪些坎 卢强 著	老板手里的一张"企业成长路线图"	现在我在哪儿，未来还要走哪些路，都清楚了
	企业二次创业成功路线图 夏惊鸣 著	企业曾经抓住机会成功了，但下一步该怎么办？	企业怎样获得第二次成功，心里有个大框架了
	老板经理人双赢之道 陈明 著	经理人怎养选平台、怎么开局，老板怎样选/育/用/留	老板生闷气，经理人牢骚大，这次知道该怎么办了
	简单思考：AMT咨询创始人自述 孔祥云 著	著名咨询公司（AMT）的CEO创业历程中点点滴滴的经验与思考	每一位咨询人，每一位创业者和管理经营者，都值得一读
	企业文化的逻辑 王祥伍 黄健江 著	为什么企业绩效如此不同，解开绩效背后的文化密码	少有的深刻，有品质，读起来很流畅
	使命驱动企业成长 高可为 著	钱能让一个人今天努力，使命能让一群人长期努力	对于想做事业的人，'使命'是绕不过去的
思维突破	盈利原本就这么简单 高可为 著	从财务的角度揭示企业盈利的秘密	多方面解读商业模式与盈利的关系，通俗易懂，受益匪浅
	移动互联新玩法：未来商业的格局和趋势 史贤龙 著	传统商业、电商、移动互联，三个世界并存，这种新格局的玩法一定要懂	看清热点的本质，把握行业先机，一本书搞定移动互联网
	画出公司的互联网进化路线图：用互联网思维重塑产品、客户和价值 李蓓 著	18个问题帮助企业一步步梳理出互联网转型思路	思路清晰、案例丰富，非常有启发性
	重生战略：移动互联网和大数据时代的转型法则 沈拓 著	在移动互联网和大数据时代，传统企业转型如同生命体打算与再造，称之为"重生战略"	帮助企业认清移动互联网环境下的变化和应对之道
	创造增量市场：传统企业互联网转型之道 刘红明 著	传统企业需要用互联网思维去创造增量，而不是用电子商务去转移传统业务的存量	教你怎么在"互联网+"的海洋中创造实实在在的增量
	7个转变，让公司3年胜出 李蓓 著	消费者主权时代，企业该怎么办	这就是互联网思维，老板有能这样想，肯定倒不了
	跳出同质思维，从跟随到领先 郭剑 著	66个精彩案例剖析，帮助老板突破行业长期思维惯性	做企业竟然有这么多玩法，开眼界
	麻烦就是需求 难题就是商机 卢根鑫 著	如何借助客户的眼睛发现商机	什么是真商机，怎么判断、怎么抓，有借鉴
	互联网+"变"与"不变"：本土管理实践与创新论坛集萃·2016 本土管理实践与创新论坛 著	加速本土管理思想的孕育诞生，促进本土管理创新成果更好地服务企业、贡献社会	各个作者本年度最新思想，帮助读者拓宽眼界、突破思维
	消费升级：实践 研究（文集） 本土管理实践与创新论坛 著	38位管理专家及7位学者的精华思想，从经营、管理、行业及思想研究四个方面阐述中国企业在消费升级下的实践与研究	思想启发，行业借鉴
财务	写给企业家的公司与家庭财务规划——从创业成功到富足退休 周荣辉 著	本书以企业的发展周期为主线，写各阶段企业与企业主家庭的财务规划	为读者处理人生各阶段企业与家庭的财务问题提供建议及方法，让家庭成员真正享受财富带来的益处
	互联网时代的成本观 程翔 著	本书结合互联网时代提出了成本的多维观，揭示了多维组合成本的互联网精神和大数据特征，论述了其产生背景、实现思路和应用价值	在传统成本观下为盈利的业务，在新环境下也许就成为亏损业务。帮助管理者从新的角度来看待成本，进一步做好精益管理

续表

	书名·作者	内容/特色	读者价值
财务	财报背后的投资机会 蒋豹 著	以具体的公司案例分析,教你迅速看出财务报表与企业经营的关系、所反映的企业经营现状,从而找到投资机会	前四大会计所员工为读者解密财报,发现投资机会

管理类：效率如何提升，如何实现经营目标，如何"节流"

	书名·作者	内容/特色	读者价值
通用管理	让管理回归简单·升级版 宋新宇 著	从目标、组织、决策、授权、人才和老板自己层面教你怎样做管理	帮助管理抓住管理的要害,让管理变得简单
	让经营回归简单·升级版 宋新宇 著	从战略、客户、产品、员工、成长、经营者自身等七个方面,归纳总结出简单有效的经营法则	总结出的真正优秀企业的成功之道:简单
	让用人回归简单 宋新宇 著	从用人的原则、用人的难题与误区、用人的方法和用人者的修炼四大方面,总结出适合中小企业做好人才管理工作的法则	帮助管理者抓住用人的要害,让用人变得简单
	历史深处的管理智慧1:组织建设与用人之道 刘文瑞 著	对历史之典故、政事、人事、政制进行管理解析,鉴照企业人才的选用育留	推动理论与实践的对接,实现理性与情感的渗透,用中国话语说明管理智慧
	历史深处的管理智慧2:战略决策与经营运作 刘文瑞 著	对历史之典故、政事、人事、政制进行管理解析,鉴照企业战略设计与经营实践	推动理论与实践的对接,实现理性与情感的渗透,用中国话语说明管理智慧
	历史深处的管理智慧3:领导修炼与文化素养 刘文瑞 著	对历史之典故、政事、人事、政制进行管理解析,鉴照企业领导职业能力提升与文化修养	推动理论与实践的对接,实现理性与情感的渗透,用中国话语说明管理智慧
	管理的尺度 刘文瑞 著	对管理中的种种普遍性问题进行了批评	提高把握管理尺度的能力
	管理学在中国 刘文瑞 著	系统性介绍了管理学在中国的发展和演变	了解管理学在中国的发展脉络,更清晰理解管理学的本质
	看电影,懂管理 刘文瑞 著	16部经典电影,带你感悟管理智慧	能够帮助读者放松身心,驰骋想象,在不知不觉中增长智慧
	管理:以规则驾驭人性 王春强 著	详细解读企业规则的制定方法	从人与人博弈角度提升管理的有效性
	员工心理学超级漫画版 邢雷 著	以漫画的形式深度剖析员工心理	帮助管理者更了解员工,从而更轻松地管理员工
	老板有想法,高层有干法:企业中的将帅之道 王清华 著	深入剖析老板与高管的异同	各司其职,各行其是,相辅相成
	分股合心:股权激励这样做 段磊 周剑 著	通过丰富的案例,详细介绍了股权激励的知识和实行方法	内容丰富全面、易读易懂,了解股权激励,有这一本就够了
	边干边学做老板 黄中强 著	创业20多年的老板,有经验、能写、又愿意分享,这样的书很少	处处共鸣,帮助中小企业老板少走弯路
	成为敏感而体贴的公司 王涛 著	本书为作者对企业的观察和冥想的随笔记录。从生活中的一个现象入手,进而探索现象背后的本质	从全新角度认识公司
	中国企业的觉醒:正直 善良 成长 王涛 著	围绕着企业人如何发生转化展开,对中国人、中国文化及由此导致的企业现状的观察和思考	企业除了要利润,还需要道德
	有意识的思考:轻松化解问题的7个思考习惯 王涛 著	本书是对思想、思考过程、思考方式进行的细致观察	养成好的思考习惯,更深刻地看问题
	中国式阿米巴落地实践之从交付到交易 胡八一 著	本书主要讲述阿米巴经营会计,"从交付到交易",这是成功实施了阿米巴的标志	阿米巴经营会计的工作是有逻辑关联的,一本书就能搞定

续表

分类	书名	内容简介	特色
通用管理	中国式阿米巴落地实践之激活组织 胡八一 著	重点讲解如何科学划分阿米巴单元,阐述划分的实操要领、思路、方法、技术与工具	最大限度减少"推行风险"和"摸索成本",利于公司成功搭建适合自身的个性化阿米巴经营体系
	中国式阿米巴落地实践之持续盈利 胡八一 著	把企业做成平台,企业才能做大(格局);把平台做成阿米巴,企业才能做强(专业);把阿米巴做成合伙制,企业才能做久(机制)	中国式阿米巴落地实践三部曲的最后一部,告诉你企业如何做大做强做久
	集团化企业阿米巴实战案例 初勇钢 著	一家集团化企业阿米巴实施案例	指导集团化企业系统实施阿米巴
	阿米巴经营的中国模式 李志华 著	让员工从"要我干"到"我要干",价值量化出来	阿米巴在企业如何落地,明白思路了
	欧博心法:好管理靠修行 曾伟 著	用佛家的智慧,深刻剖析管理问题,见解独到	如果真的有'中国式管理',曾老师是其中标志性人物
	领导这样点燃你的下属 孟广桥 著	领导者如何才能让员工积极主动地工作?如何让你的员工和下属保持工作的热情,自动自发?看了这本书就知道	只要你希望手下的"兵将"永远充满工作的斗志,这本书将使你获益良多
流程管理	1. 用流程解放管理者 2. 用流程解放管理者2 张国祥 著	中小企业阅读的流程管理、企业规范化的书	通俗易懂,理论和实践的结合恰到好处
	跟我们学建流程体系 陈立云 著	畅销书《跟我们学做流程管理》系列,更实操,更细致,更深入	更多地分享实践,分享感悟,从实践总结出来的方法论
	人人都要懂流程 金国华 余雅丽 著	当前各企业流程管理方面最为典型的痛点现象及问题案例	通俗易懂,适合企业全员阅读
质量管理	IATF16949 质量管理体系详解与案例文件汇编:TS16949 转版 IATF16949:2016 谭洪华 著	针对 IATF 的新标准做了详细的解说,同时指出了一些推行中容易犯的错误,提供了大量的表单、案例	案例、表单丰富,拿来就用
	五大质量工具详解及运用案例:APQP/FMEA/PPAP/MSA/SPC 谭洪华 著	对制造业必备的五大质量工具中每个工具的制作要求、注意事项、制作流程、成功案例等进行了解读	通俗易懂、简便易行,能真正实现学以致用
	ISO9001:2015 新版质量管理体系详解与案例文件汇编 谭洪华 著	紧密围绕 2015 年新版质量管理体系文件逐条详细解读,并提供可以直接套用的案例工具,易学易上手	企业质量管理认证、内审必备
	ISO14001:2015 新版环境管理体系详解与案例文件汇编 谭洪华 著	紧密围绕 2015 年新版环境管理体系文件逐条详细解读,并提供可以直接套用的案例工具,易学易上手	企业环境管理认证、内审必备
	SA8000:2014 社会责任管理体系认证实战 吕林 著	作者根据自己的操作经验,按认证的流程,以相关案例进行说明 SA8000 认证体系	简单,实操性强,拿来就能用
	精益质量管理实战工具 贺小林 著	制造类企业日常工作中所需要的精益管理工具的归纳整理,并进行案例操作的细致分析	可以直接参考,实际解决生产中的具体问题
战略落地	重生——中国企业的战略转型 施炜 著	从前瞻和适用的角度,对中国企业战略转型的方向、路径及策略性举措提出了一些概要性的建议和意见	对企业有战略指导意义
	公司大了怎么管:从靠英雄到靠组织 AMT 金国华 著	第一次详尽阐释中国快速成长型企业的特点、问题及解决之道	帮助快速成长型企业领导及管理团队理清思路,突破瓶颈

续表

战略落地	低效会议怎么改:每年节省一半会议成本的秘密 AMT 王玉荣 著	教你如何系统规划公司的各级会议,一本工具书	教会你科学管理会议的办法
	年初订计划,年尾有结果:战略落地七步成诗 AMT 郭晓 著	7个步骤教会你怎么让公司制定的战略转变为行动	系统规划,有效指导计划实现
人力资源	HRBP是这样炼成的之"菜鸟起飞" 新海 著	以小说的形式,具体解析HRBP的职责,应该如何操作,如何为业务服务	实践者的经验分享,内容实务具体,形式有趣
	HRBP是这样炼成的之中级修炼 新海 著	本书以案例故事的方式,介绍了HRBP在实际工作中碰到的问题和挑战	书中的HR解决方案讲究因时因地制宜、简单有效的原则,重在启发读者思路,可供各类企业HRBP借鉴
	HRBP是这样炼成的之高级修炼 新海 著	以故事的形式,展现了HRBP工作者在职业发展路上的层层深入和递进	为读者提供HRBP在实际工作中遇到种种问题的解决方案
	把面试做到极致:首席面试官的人才甄选法 孟广桥 著	作者用自己几十年的人力资源经验总结出的一套实用的确定岗位招聘标准、提升面试官技能素质的简便方法	面试官必备,没有空泛理论,只有巧妙的实操技能
	人力资源体系与e-HR信息化建设 刘书生 陈 莹 王美佳 著	将作者经历的人力资源管理变革、人力资源管理信息化咨询项目方法论、工具和成果全面展现给读者,使大家能够将其快速应用到管理实践中	系统性非常强,没有废话,全部是浓缩的干货
	回归本源看绩效 孙 波 著	让绩效回顾"改进工具"的本源,真正为企业所用	确实是来源于实践的思考,有共鸣
	世界500强资深培训经理人教你做培训管理 陈 锐 著	从7大角度具体细致地讲解了培训管理的核心内容	专业、实用、接地气
	曹子祥教你做激励性薪酬设计 曹子祥 著	以激励性为指导,系统性地介绍了薪酬体系及关键岗位的薪酬设计模式	深入浅出,一本书学会薪酬设计
	曹子祥教你做绩效管理 曹子祥 著	复杂的理论通俗化,专业的知识简单化,企业绩效管理共性问题的解决方案	轻松掌握绩效管理
	把招聘做到极致 远 鸣 著	作为世界500强高级招聘经理,作者数十年招聘经验的总结分享	带来职场思考境界的提升和具体招聘方法的学习
	人才评价中心.超级漫画版 邢 雷 著	专业的主题,漫画的形式,只此一本	没想到一本专业的书,能写成这效果
	走出薪酬管理误区 全怀周 著	剖析薪酬管理的8大误区,真正发挥好枢纽作用	值得企业深读的实用教案
	集团化人力资源管理实践 李小勇 著	对搭建集团化的企业很有帮助,务实,实用	最大的亮点不是理论,而是结合实际的深入剖析
	我的人力资源咨询笔记 张 伟 著	管理咨询师的视角,思考企业的HR管理	通过咨询师的眼睛对比很多企业,有启发
	本土化人力资源管理8大思维 周 剑 著	成熟HR理论,在本土中小企业实践中的探索和思考	对企业的现实困境有真切体会,有启发

续表

企业文化	36个拿来就用的企业文化建设工具 海融心胜 主编	数十个工具,为了方便拿来就用,每一个工具都严格按照工具属性、操作方法、案例解读划分,实用、好用	企业文化工作者的案头必备书,方法都在里面,简单易操作
	企业文化建设超级漫画版 邢雷 著	以漫画的形式系统教你企业文化建设方法	轻松易懂好操作
	华夏基石方法:企业文化落地本土实践 王祥伍 谭俊峰 著	十年积累、原创方法、一线资料,和盘托出	在文化落地方面真正有洞察,有实操价值的书
	企业文化的逻辑 王祥伍 著	为什么企业之间如此不同,解开绩效背后的文化密码	少有的深刻,有品质,读起来很流畅
	企业文化激活沟通 宋杼宸 安琪 著	透过新任HR总经理的眼睛,揭示出沟通与企业文化的关系	有实际指导作用的文化落地读本
	在组织中绽放自我:从专业化到职业化 朱仁健 王祥伍 著	个人如何融入组织,组织如何助力个人成长	帮助企业员工快速认同并投入到组织中去,为企业发展贡献力量
	企业文化定位·落地一本通 王明胤 著	把高深枯燥的专业理论创建成一套系统化、实操化、简单化的企业文化缔造方法	对企业文化不了解,不会做?有这一本从概念到实操,就够了
生产管理	精益思维:中国精益如何落地 刘承元 著	笔者二十余年企业经营和咨询管理的经验总结	中国企业需要灵活运用精益思维,推动经营要素与管理机制的有机结合,推动企业管理向前发展
	300张现场图看懂精益5S管理 乐涛 编著	5S现场实操详解	案例图解,易懂易学
	高员工流失率下的精益生产 余伟辉 著	中国的精益生产必须面对和解决高员工流失率问题	确实来源于本土的工厂车间,很务实
	车间人员管理那些事儿 岑立聪 著	车间人员管理中处理各种"疑难杂症"的经验和方法	基层车间管理者最闹心、头疼的事,'打包'解决
	1. 欧博心法:好管理靠修行 2. 欧博心法:好工厂这样管 曾伟 著	他是本土最大的制造业管理咨询机构创始人,他从400多个项目、上万家企业实践中锤炼出的欧博心法	中小制造型企业,一定会有很强的共鸣
	欧博工厂案例1:生产计划管控对话录 欧博工厂案例2:品质技术改善对话录 欧博工厂案例3:员工执行力提升对话录 曾伟 著	最典型的问题、最详尽的解析,工厂管理9大问题27个经典案例	没想到说得这么细,超出想象,案例很典型,照搬都可以了
	工厂管理实战工具 欧博企管 编著	以传统文化为核心的管理工具	适合中国工厂
	苦中得乐:管理者的第一堂必修课 曾伟 编著	曾伟与师傅大愿法师的对话,佛学与管理实践的碰撞,管理禅的修行之道	用佛学最高智慧看透管理
	比日本工厂更高效1:管理提升无极限 刘承元 著	指出制造型企业管理的六大积弊;颠覆流行的错误认知;掌握精益管理的精髓	每一个企业都有自己不同的问题,管理没有一剑封喉的秘笈,要从现场、现物、现实出发
	比日本工厂更高效2:超强经营力 刘承元 著	企业要获得持续盈利,就要开源和节流,即实现销售最大化,费用最小化	掌握提升工厂效率的全新方法

续表

生产管理	比日本工厂更高效3：精益改善力的成功实践 刘承元 著	工厂全面改善系统有其独特的目的取向特征，着眼于企业经营体质（持续竞争力）的建设与提升	用持续改善力来飞速提升工厂的效率，高效率能够带来意想不到的高效益
	3A顾问精益实践1：IE与效率提升 党新民 苏迎斌 蓝旭日 著	系统的阐述了IE技术的来龙去脉以及操作方法	使员工与企业持续获利
	3A顾问精益实践2：JIT与精益改善 肖志军 党新民 著	只在需要的时候，按需要的量，生产所需的产品	提升工厂效率
	手把手教你做专业的生产经理 黄娜 著	物流、信息流、资金流，让生产经理管理有抓手	从菜鸟到能把控全局
员工素质提升	TTT培训师精进三部曲（上）：深度改善现场培训效果 廖信琳 著	现场把控不用慌，这里有妙招——用就灵	课程现场无论遇到什么样的情况都能游刃有余
	TTT培训师精进三部曲（中）：构建最有价值的课程内容 廖信琳 著	这样做课程内容，学员有收获培训师也有收获	优质的课程内容是树立个人品牌的保证
	TTT培训师精进三部曲（下）：职业功力沉淀与修为提升 廖信琳 著	从内而外提升自己，职业的道路一帆风顺	走上职业TTT内训师的康庄大道
	培训师，如何让你的事业长青：自我管理的10项法则 廖信琳 著	建立了一套完整的培训师自我管理体系，为培训师的职业成长与发展提供有益的指引	培训师如何在自己的职业道路上越走越高，事业长青，一直有所收获与成长？本书将给你答案
	管理咨询师的第一本书：百万年薪 千万身价 熊亚柱 著	从问题出发，发现问题、分析问题、解决问题，让两眼一抹黑的新人快速成长	管理咨询师初入职场，让这本书开启百万年薪之路
	手把手教你做专业督导：专卖店、连锁店 熊亚柱 著	从督导的职能、作用，在工作中需要的专业技能、方法，都提供了详细的解读和训练办法，同时附有大量的表单工具	无论是店铺需要统一培训，还是个人想成为优秀的督导，有这一本就够了
	跟老板"偷师"学创业 吴江萍 余晓雷 著	边学边干，边观察边成长，你也可以当老板	不同于其他类型的创业书，让你在工作中积累创业经验，一举成功
	销售轨迹：一位快消品营销总监的拼搏之路 秦国伟 著	本书讲述了一个普通销售员打拼成为跨国企业营销总监的真实奋斗历程	激励人心，给广大销售员以力量和鼓舞
	在组织中绽放自我：从专业化到职业化 朱仁健 王祥伍 著	个人如何融入组织，组织如何助力个人成长	帮助企业员工快速认同并投入到组织中去，为企业发展贡献力量
	企业员工弟子规：用心做小事，成就大事业 贾同领 著	从传统文化《弟子规》中学习企业中为人处事的办法，从自身做起	点滴小事，修养自身，从自身的改善得到事业的提升
	手把手教你做顶尖企业内训师：TTT培训师宝典 熊亚柱 著	从课程研发到现场把控、个人提升都有涉及，易读易懂，内容丰富全面	想要做企业内训师的员工有福了，本书教你如何抓住关键，从入门到精通
	客诉处理金手指：客户投诉的应对与管理 孟广桥 著	立足于投诉处理的实践，剖析了不同投诉者投诉的特点和应对措施，并提供各种技巧方法、赢得客户信赖所需培养的品质修炼、处理投诉应掌握的法律法规等工具	是投诉处理人员适应岗位职能需要、提升工作技能的良师益友，是企业变诉为金、培养业务骨干的法宝

续表

营销类:把客户需求融入企业各环节,提供"客户认为"有价值的东西			
	书名.作者	内容/特色	读者价值
营销模式	精品营销战略 杜建君 著	以精品理念为核心的精益战略和营销策略	用精品思维赢得高端市场
	变局下的营销模式升级 程绍珊 叶 宁 著	客户驱动模式、技术驱动模式、资源驱动模式	很多行业的营销模式被颠覆,调整的思路有了!
	卖轮子 科克斯【美】	小说版的营销学!营销理念巧妙贯穿其中,贵在既有趣,又有深度	经典、有趣!一个故事读懂营销精髓
	动销操盘:节奏掌控与社群时代新战法 朱志明 著	在社群时代把握好产品生产销售的节奏,解析动销的症结,寻找动销的规律与方法	都是易读易懂的干货!对动销方法的全面解析和操盘
	弱势品牌如何做营销 李政权 著	中小企业虽有品牌但没名气,营销照样能做的有声有色	没有丰富的实操经验,写不出这么具体、详实的案例和步骤,很有启发
	老板如何管营销 史贤龙 著	高段位营销16招,好学好用	老板能看,营销人也能看
	洞察人性的营销战术:沈坤教你28式 沈 坤 著	28个匪夷所思的营销怪招令人拍案叫绝,涉及商业竞争的方方面面,大部分战术可以直接应用到企业营销中	各种谋略得益于作者的横向思维方式,将其操作过的案例结合其中,提供的战术对读者有参考价值
	动销:产品是如何畅销起来的 吴江萍 余晓雷 著	真真切切告诉你,产品究竟怎么才能卖出去	击中痛点,提供方法,你值得拥有
	1000铁杆女粉丝 张兵武 著	连接是女性与生俱来的特质。能善用连接的营销人员,就像拿到打开女性荷包的钥匙	重新认识女性的传播力量
	360°谈营销:一位营销咨询师20年实战洞察 王清华 古怀亮 著	各个角度,全方位,多视点剥营销	思路单一,此书帮你破
	营销按钮:扣动一触即发的力量 老 苗 著	提供各种奇形怪状的营销武器	一定会带给你不一样的思维震撼
销售	资深大客户经理:策略准,执行狠 叶敦明 著	从业务开发、发起攻势、关系培育、职业成长四个方面,详述了大客户营销的精髓	满满的全是干货
	成为资深的销售经理:B2B、工业品 陆和平 著	围绕"销售管理的六个关键控制点"一一展开,提供销售管理的专业、高效方法	方法和技术接地气,拿来就用,从销售员成长为经理不再犯难
	销售是门专业活:B2B、工业品 陆和平 著	销售流程就应该跟着客户的采购流程和关注点的变化向前推进,将一个完整的销售过程分成十个阶段,提供具体方法	销售不是请客吃饭拉关系,是个专业的活计!方法在手,走遍天下不愁
	向高层销售:与决策者有效打交道 贺兵一 著	一套完整有效的销售策略	有工具,有方法,有案例,通俗易懂
	卖轮子 科克斯【美】	小说版的营销学!营销理念巧妙贯穿其中,贵在既有趣,又有深度	经典、有趣!一个故事读懂营销精髓
	学话术 卖产品 张小虎 著	分析常见的顾客异议,将优秀的话术模块化	让普通导购员也能成为销售精英
组织和团队	升级你的营销组织 程绍珊 吴越舟 著	用"有机性"的营销组织替代"营销能人",营销团队变成"铁营盘"	营销队伍最难管,程老师不愧是营销第1操盘手,步骤方法都很成熟
	用数字解放营销人 黄润霖 著	通过量化帮助营销人员提高工作效率	作者很用心,很好的常备工具书

续表

分类	书名/作者	内容简介	推荐语
组织和团队	成为优秀的快消品区域经理（升级版） 伯建新 著	用"怎么办"分析区域经理的工作关键点，增加30%全新内容，更贴近环境变化	可以作为区域经理的"速成催化器"
	成为资深的销售经理：B2B、工业品 陆和平 著	围绕"销售管理的六个关键控制点"——展开，提供销售管理的专业、高效方法	方法和技术接地气，拿来就用，从销售员成长为经理不再犯难
	一位销售经理的工作心得 蒋 军 著	一线营销管理人员想提升业绩却无从下手时，可以看看这本书	一线的真实感悟
	快消品营销：一位销售经理的工作心得2 蒋 军 著	快消品、食品饮料营销的经验之谈，重点突出	来源于实战的精华总结
	销售轨迹：一位快消品营销总监的拼搏之路 秦国伟 著	本书讲述了一个普通销售员打拼成为跨国企业营销总监的真实奋斗历程	激励人心，给广大销售员以力量和鼓舞
	用营销计划锁定胜局：用数字解放营销人2 黄润霖 著	全方位教你怎么做好营销计划，好学好用真简单	照搬套用就行，做营销计划再也不头痛
	快消品营销人的第一本书：从入门到精通 刘雷 伯建新 著	快消行业必读书，从入门到专业	深入细致，易学易懂
产品	产品开发管理方法·流程·工具：从作坊式到规范化 任彭枞 著	产品研发管理体系全指导	既有工具，又能开拓思路
	新产品开发管理，就用IPD（升级版） 郭富才 著	10年IPD研发管理咨询总结，国内首部IPD专业著作	一本书掌握IPD管理精髓
	这样打造大单品：案例 策略 方法 迪智成咨询团队 著	囊括十三个不同行业、企业的实际案例，从不同角度详细剖析、总结了这些品牌厂家打造大单品的成功经验或者失败教训	厘清大单品打造的策划与路径，得出持续经营的思路与方法
	资深项目经理这样做新产品开发管理 秦海林 著	以IPD为思想，系统讲解新产品开管理的细节	提供管理思路和实用工具
	产品炼金术Ⅰ：如何打造畅销产品 史贤龙 著	满足不同阶段、不同体量、不同行业企业对产品的完整需求	必须具备的思维和方法，避免在产品问题上走弯路
	产品炼金术Ⅱ：如何用产品驱动企业成长 史贤龙 著	做好产品、关注产品的品质，就是企业成功的第一步	必须具备的思维和方法，避免在产品问题上走弯路
品牌	中小企业如何建品牌 梁小平 著	中小企业建品牌的入门读本，通俗、易懂	对建品牌有了一个整体框架
	采纳方法：破解本土营销8大难题 朱玉童 编著	全面、系统、案例丰富、图文并茂	希望在品牌营销方面有所突破的人，应该看看
	中国品牌营销十三战法 朱玉童 编著	采纳20年来的品牌策划方法，同时配有大量的案例	众包方式写作，丰富案例给人启发，极具价值
	今后这样做品牌：移动互联时代的品牌营销策略 蒋 军 著	与移动互联紧密结合，告诉你老方法还能不能用，新方法怎么用	今后这样做品牌就对了
	中小企业如何打造区域强势品牌 吴之 著	帮助区域的中小企业打造自身品牌，如何在强壮自身的基础上往外拓展	梳理误区，系统思考品牌问题，切实符合中小区域品牌的自身特点进行阐述
渠道通路	深度分销：掌控渠道价值链 施炜 著	制造商通过掌控渠道价值链，将管理触角延伸至零售层面及顾客现场，对市场根部精耕细作，从而挖掘需求，构筑区域市场尤其是三四级市场的竞争壁垒	深度分销是中国企业对世界营销的独特贡献。实践证明，互联网时代深度分销仍有生命力
	快消品营销与渠道管理 谭长春 著	将快消品标杆企业渠道管理的经验和方法分享出来	可口可乐、华润的一些具体的渠道管理经验，实战

续表

	书名・作者	内容/特色	读者价值
渠道通路	传统行业如何用网络拿订单 张进 著	给老板看的第一本网络营销书	适合不懂网络技术的经营决策者看
	采纳方法:化解渠道冲突 朱玉童 编著	系统剖析渠道冲突,21个渠道冲突案例、情景式讲解,37篇讲义	系统、全面
	学话术 卖产品 张小虎 著	分析常见的顾客异议,将优秀的话术模块化	让普通导购员也能成为销售精英
	向高层销售:与决策者有效打交道 贺兵一 著	一套完整有效的销售策略	有工具,有方法,有案例,通俗易懂
	通路精耕操作全解:快消品20年实战精华 周俊 陈小龙 著	通路精耕的详细全解,每一步的具体操作方法和表单全部无保留提供	康师傅二十年的经验和精华,实践证明的最有效方法,教你如何主宰通路

管理者读的文史哲・生活

	书名・作者	内容/特色	读者价值
思想・文化	德鲁克管理思想解读 罗珉 著	用独特视角和研究方法,对德鲁克的管理理论进行了深度解读与剖析	不仅是摘引和粗浅分析,还是作者多年深入研究的成果,非常可贵
	德鲁克与他的论敌们:马斯洛、戴明、彼得斯 罗珉 著	几位大师之间的论战和思想碰撞令人受益匪浅	对大师们的观点和著作进行了大量的理论加工,去伪存真、去粗存精,同时有自己独特的体系深度
	德鲁克管理学 张远凤 著	本书以德鲁克管理思想的发展为线索,从一个侧面展示了20世纪管理学的发展历程	通俗易懂,脉络清晰
	王阳明"万物一体"论:从"身一体"的立场看(修订版) 陈立胜 著	以身体哲学分析王阳明思想中的"仁"与"乐"	进一步了解传统文化,了解王阳明的思想
	自我与世界:以问题为中心的现象学运动研究 陈立胜 著	以问题为中心,对现象学运动中的"意向性""自我""他人""身体"及"世界"各核心议题之思想史背景与内在发展理路进行深入细致的分析	深入了解现象学中的几个主要问题
	作为身体哲学的中国古代哲学 张再林 著	上篇为中国古代身体哲学理论体系奠基性部分,下篇可由"上篇"所开出的中国身体哲学理论体系的进一步的阐发和拓展	了解什么是真正原生态意义上的中国哲学,把中国传统哲学与西方传统哲学加以严格区别
	中西哲学的歧异与会通 张再林 著	本书以一种现代解释学的方法,对中国传统哲学内在本质尝试一种全新的和全方位的解读	发掘出掩埋在古老传统形式下的现代特质和活的生命,在此基础上揭示中西哲学"你中有我,我中有你"之旨
	治论:中国古代管理思想 张再林 著	本书主要从儒、法墨三家阐述中国古代管理思想	看人本主义的管理理论如何不留斧痕地克服似乎无法调解的存在于人类社会行为与社会组织中的种种两难和对立
	车过麻城 再晒李贽 张再林 著	系统全面而又简明扼要地展示了李贽独到的学术眼力和超拔的理论建树	帮助读者重新认识李贽的思想
	中国古代政治制度(修订版)上:皇帝制度与中央政府 刘文瑞 著	全面论证了古代皇帝制度的形成和演变的历程	有助于读者从政治制度角度了解中国国情的历史渊源
	中国古代政治制度(修订版)下:地方体制与官僚制度 刘文瑞 著	全面论证了古代地方政府的发展演变过程	有助于读者从政治制度角度了解中国国情的历史渊源
	中国思想文化十八讲(修订版) 张茂泽 著	中国古代的宗教思想文化,如对祖先崇拜、儒家天命观、中国古代关于"神"的讨论等	宗教文化和人生信仰或信念紧密相联,在文化转型时期学习和研究中国宗教文化就有特别的现实意义

续表

分类	书名/作者	内容简介	推荐语
思想·文化	史幼波《大学》讲记 史幼波 著	用儒释道的观点阐释大学的深刻思想	一本书读懂传统文化经典
	史幼波《周子通书》《太极图说》讲记 史幼波 著	把形而上的宇宙、天地，与形而下的社会、人生、经济、文化等融合在一起	将儒家的一整套学修系统融合起来
	史幼波《中庸》讲记（上下册） 史幼波 著	全面、深入浅出地揭示儒家中庸文化的真谛	儒释道三家思想融会贯通
	梁涛讲《孟子》之万章篇 梁涛 著	《万章》主要记录孟子与万章的对话，涉及孝道、亲情、友情、出仕为官等	作者的解读能帮助读者更好地理解孟子及儒学
	两晋南北朝十二讲（修订版） 李文才 著	作为一本普及性读物，作者尊重史实，运用"历史心理学"的叙事方法，分12个专题对两晋南北朝的历史进行阐述	让读者轻松了解两晋南北朝的历史
	每个中国人身上的春秋基因 史贤龙 著	春秋368年（公元前770－公元前403年），每一个中国人都可以在这段时期的历史中找到自己的祖先，看到真实发生的事件，同时也看到自己	长情商、识人心
	与《老子》一起思考：德篇 史贤龙 著	打通文史，回归哲慧，纵贯古今，放眼中外，妙语迭出，在当今的老子读本中别具一格	深读有深读的回味，浅尝有浅尝的机敏，可给读者不同的启发
	说服天下：《鬼谷子》的中国沟通术 翟玉忠 著	由内圣而外王，从心力的培育到具体的说服理论，再到生动的说服案例	从商业到军事再到日常生活，沟通说服已经变得越来越重要
	读《管子》，知天下财富：轻重术与中国古典经济思想 翟玉忠 著	中国农业社会规模庞大的市场产生了复杂发展的经济理论——以《管子》轻重十六篇为核心的轻重术	本书分为道、术两大部分，有思想、有谋略，相信你会从中有所收获
	中国商道：从古典商书说开去 翟玉忠 著	对中国先秦和明清两个商品经济大发展时期商业典籍的第一次系统整理和诠释	中华商道一脉相承，造就了无数商业奇迹，成就了无数商业巨子。今人读之，必能获益
	跟陈忠建学写名家书法Ⅰ 跟陈忠建学写名家书法Ⅱ 陈忠建 著	中国台湾著名书法教育家，用视频手把手教你摹写历代名家笔触	用拟古千字文的形式，学习名家的技巧
	像美国人一样讲话：教你记住800句最地道的美语 马方旭 著	本书基本囊括了在美国最常用最地道的800习惯用语表达，包含中英双语翻译，以及清晰明了的注解帮助增强记忆，加入视频等流行的记忆方法	易读易懂，趣味十足
	郑子太极拳理拳法 杨竣雄 著	走进郑子太极拳完整训练体系的大门，随着书中另一主角——师父的课程安排与每日功课的练习	当您学完这套书后，在掌握拳架的同时具备诸多正确的太极理念与系统知识
	内功太极拳训练教程 王铁仁 编著	杨式（内功）太极拳（俗称老六路）的详细介绍及具体修炼方法，身心的一次升华	书中含有大量图解并有相关视频供读者同步学习
	中医治心脏病 马宝琳 著	引用众多真实案例，客观真实地讲述了中西医对于心脏病的认识及治疗方法	看完这本书，能为您节约10万元医药费